子どもを知る
■編集委員■民秋 言・小田 豊・柳尾 勲・無藤 隆

新 保育
ライブラリ

保育実践のフィールド心理学

無藤 隆・倉持清美 編著

北大路書房

編集委員のことば

　本シリーズは，好評をいただいた「保育ライブラリ」の全面改訂に基づく新たなものです。幼稚園教育要領の改訂および保育所保育指針の改定をよい機会として，記述として足りない点や補うべき点について大幅に手を入れ，新たな版としました。

　それはまさに時宜を得たものでもあります。今ほど，保育・幼児教育を囲む制度や社会・政治の情勢が激変しつつある時期はなく，まさに確かな方向性を持った提言と指針が求められているからです。保育の重要性の認識は広がってきており，養成を通して力量のある保育者を送り出すことが必要であり，また現職の方々の研修に力を注ぐようになりました。そのためのテキストが本シリーズの目指すところです。

　何より，保育・幼児教育の公共的使命が明確になってきました。もはや保育所は子どもを預かってくれさえすればよいなどと誰も言わないでしょう。また幼稚園は子どもが楽しく過ごしていればよいので，教育は小学校から始まるとも言わなくなりました。

　そこにおいて特に大きく寄与したのは，保育士の国家資格化と保育所保育指針の告示化です。保育士・保育所の仕事についての社会的な認知が進んだことの表れです。またそれを通して，幼稚園教諭と幼稚園に対して保育士と保育園が対等に位置づけられたことも見逃せません。幼稚園教育要領は従来から大臣告示であり，幼稚園教諭免許は国による資格であり，それと同等になったのです。

　保育所保育指針において保育所の保育は養護と教育を一体的に進めるものとして定義されています。そこで言う教育とは幼稚園と同様のことであり，幼稚園教育要領と対応した記述になっています。それが告示とされ，つまりは法令として扱われることで法的な義務づけとされることとなっています。ですから，今後，幼児教育の施設は幼稚園と保育所の双方が該当することになりました。

　一方，幼稚園の学校教育全体での位置付けも強固なものとなりました。学校教育法の改正により幼稚園は学校種の最初に来るものとして重視され，その目的や目標も「義務教育及びその後の教育の基礎を培う」ものとして，人格形成

の基盤を育てることがはっきりとしました。なお，この規定はさらに教育基本法第11条の「幼児期の教育」の明記により裏付けられており，そこでは幼稚園と保育所が家庭・地域と連携して進めるという趣旨が述べられています。ですから，学校教育法の幼稚園の記述は保育所にも準用されると解釈されます。

児童福祉法も保育所保育を支える方向で改正され，さらに次世代育成支援計画の策定が地域に義務づけられる中で保育所の児童福祉に占める位置が大きなものとなりました。虐待防止のための要保護児童対策地域協議会の大事な構成員ともなっています。

保育士の業務として子どもを保育することと共に，家庭への支援が含まれたことも大きな意味があり，それが保育所保育指針での保護者視点の詳細化につながり，並行して，幼稚園教育要領でも保護者との連携や子育て支援が明確に記されました。子育て支援が幼保双方にとって大きな課題となっているのです。

以上のことから，幼稚園教諭・保育士の仕事は広がりつつ，さらなる質の高さを求められるようになっています。従来にも増して，養成校への期待は大きく，そこで優れたテキストが必要となることは明らかです。

本シリーズはそのニーズに応えるために企画され，改訂されています。中心となる編集委員4名（民秋，小田，栃尾，無藤）が全体の構成や個別の巻の編集に責任を持っています。なお，この間，栃尾氏は残念ながら逝去され，残された3人は，その遺志を継ぐべく努力したいと思っています。

本シリーズの特徴は次の通りです。第一に，実践と理論を結びつけることです。実践事例を豊富に入れ込んでいます。同時に，理論的な意味づけを明確にするようにしました。第二に，養成校の授業で使いやすくすることです。授業の補助として，必要な情報を確実に盛り込み，学生にとって学びやすい材料や説明としています。第三に，上記に説明したような国の方針や施策，また社会情勢の変化に対応させ，現場の保育に生かせるよう工夫してあります。

実際にテキストとして授業で使い，また参考書として読まれることを願っています。ご感想・ご意見を頂戴できるなら，それを次の改訂に生かしていきたいと思います。

2008年12月　　民秋　言・小田　豊・栃尾　勲・無藤　隆

はじめに

　1990年代になってから,「フィールド心理学」という質的方法を中心とする研究アプローチが注目されるようになってきた。それだけ,「フィールド」から得られたデータをまとめた成果が, 豊かな知見を提供していることが認知されてきたのだろう。

　本書は, 特に「保育実践」の場をフィールドとしてきた筆者らによって構成されている。日々の保育に継続的に関与しつつ, そこで生起している現象—保育場面での子どもたちどうしの関わり, 保育者とのやりとり, 保育環境との関わりなど—を筆者らは丁寧に見てきた。そして, 子どもたちを, 成熟していくプロセスのなかに存在する者としてだけではなく, 今, この場を生きている子どもたちとして捉えていった。保育者についても, 子どもに影響を与える者というベクトルの方向を固定化して捉えるのではなく, 子どもと共振し, 子どもからも影響を受けていく存在と捉えていった。その結果得られた知見は, 保育の場面で何が起きていて, そこで子どもが生活するとはどういうことなのか, を示唆してくれる。

　本書は, できるだけ具体的な事例や写真を盛り込んでいる。
　第1章「保育実践のフィールド心理学の理論と方法」では, フィールド心理学の特徴やその方法について述べている。1節「保育実践とフィールド心理学」では, 保育実践をフィールド心理学というアプローチで研究する意義, 他の研究アプローチとの相違について取り上げ, 2節「保育実践のフィールド心理学の研究の進め方と枠組み」では, 具体的に研究に取り組む際の方法や注意点などについて取り上げる。

　第2章「仲間との出会い」では, 保育の場の特徴であるたくさんの同年代の子どもたちの出会いを取り上げる。1節「仲間文化」では, 園で生活する子どもたちが, まわりの子どもたちと価値や関心・記憶や思い出などを共有している仲間文化に着目する。子どもたちは大人の模倣ばかりしているわけでも, 大人の規則などをそのまま取り入れているわけでもない。仲間内の価値関心に基づき独自の仲間文化を創り出している側面に, 気づくことができるだろう。2

節「仲間関係の形成」では，仲間関係の形成によって失われる側面があることも念頭に置きながら，その形成過程に着目している。仲間に入りにくい子どもが持っている自分に対する負のイメージを塗り替えていくことが保育者の役割であるし，そのようなイメージを持たないような仲間関係を構築していくことが保育者の役割であることが理解できるだろう。3節「多国籍児との出会い」では，昨今の日本社会の状況と園で子どもたちが出会う仲間との連動性に着目する。園に通ってくる子どもたちは園の外の世界の出来事も園に持ち込んでくる。保育者が園の子どもを豊かに深く理解するためには，子どもたちを取り巻く社会的状況についての知識を持つ必要があることを理解できるだろう。

　第3章「保育者との出会い」では，子どもたちが保育の場に参加することによって，おそらく初めて出会う「先生」と呼ばれる保育者との出会いを取り上げる。1節「乳児と保育者との出会い」では，保育者と子どもとの葛藤に着目し，子どもと保育者が，出会いのなかで共にどのように成長していくかを検討する。2節「幼児と保育者との出会い」では，幼児も保育者も日々お互いについて理解を深めている様子に着目し，保育者の成長について検討する。保育の場は，子どもの変容，保育者の変容がシステマティックに連動していることが理解できるだろう。3節「外国人園児と保育者との出会い」では，外国人園児の生活習慣と言語に適応していく様子に着目する。適応過程は，外国人園児が一方的に環境に適応しているのではなく，外国人園児と保育者との間で展開する双方向的な過程であることを示す。4節「保育者と保育の出会い」は，小学校教員である保育者が，保育の意義について理解を深めていく過程に着目し，ケースカンファレンスの果たす役割を検討する。

　第4章「あそびとの出会い」では，保育のなかで子どもたちが経験する，他者が存在するなかで展開するあそびの様相について取り上げる。1節「集団保育のなかでのあそび」では，子どもたちの「あそびのはじまり」と「あそびの終わり」に注目し，集団保育のなかでのあそびとその発達過程，そこに関わる保育者の役割について検討する。子どもたちのあそびのなかでのさまざまな体験を細やかに見取っていくことで，あそびを通して子どもたちを育てていくために，保育者として何をすべきかが見えてくる。2節「あそびのなかでの言語的表現」では，園生活の中で観察される子どもの言語的表現に着目する。子ど

もの意識的無意識的な言語表現を理解し，そこに含まれている子どもの思いをくみ取っていくことで，子どもにとって豊かな言語的環境とは何かを考えることができる。3節「あそびにおけるからだをとおしてのかかわり」では，仲間と同じ身体の動きに着目していく。私たちは身体を持って存在している。子どもたちにとっても，仲間どうしの親密性を築いたり，あそびを豊かにしていくために，身体の動きは重要な働きを持っているはずである。子どもの身体の動きに注目することで，子どもをより深く理解することにつながる。

　全体的に，園生活で生じている具体的場面を取り上げながら，その特徴や意義，役割について検討している。これらの論考から得られた知見が，保育の場で生活している子どもたちへの豊かで深い理解につながることを期待する。保育を学ぶ学生や保育者にとっても，保育する際の新たな視点を提供するだろう。

　本書には，筆者らがフィールドとしたたくさんの保育実践の場があるからこそ成立したという背景がある。はっきりとした仮説や研究到達点を提示することなく，現場で右往左往している筆者らをあたたかく受け入れてくださった子どもたち，保育者のみなさんに厚くお礼を申し上げたい。また，本書を作成するにあたり，事例や写真の掲載を快く許可してくださった方々にも深く感謝したい。

　最後に，なかなか原稿を締め切り通りに提出しない私たちをあたたかく（でも，多分だいぶ焦って）見守ってくださった，北大路書房の北川芳美さん・木村　健さんに心より感謝の意を表したい。

2009年1月　　編　者

もくじ

編集委員のことば
はじめに

第1章 保育実践のフィールド心理学の理論と方法 ……………………………… 1
1節 保育実践とフィールド心理学 …………………………………………………… 2
1. フィールド心理学とは　2
2. 保育実践とフィールド心理学のつながり　2
3. 保育実践のフィールド心理学の方法　5
4. 保育実践のフィールド心理学の可能性　7

2節 保育実践のフィールド心理学の研究の進め方と枠組み ………………… 8
1. 過剰に詳しくとらえよう　8
2. 数量的な質問紙でとらえられないものをみよう　10
3. 既成の概念を疑おう　11
4. 理想や理念を現実を経て鍛えよう　12
5. 仮説や分類はしだいにできあがる　13
6. 小さな事例を納得がいくまで考えてみる　14
7. 思い切って理論を創案する　15
8. 一期一会としてまたくり返し起こるものとして出会う　16
9. 現場と協同して進める　17

第2章 仲間との出会い ……………………………………………………………… 21
1節 仲間文化 …………………………………………………………………………… 22
1. 園における仲間文化　22
2. 仲間文化の領域　22
3. 園生活における仲間文化の意味　31
4. 子どもたちの個人史のなかの仲間文化の意味　32
5. 仲間文化の共有過程　33

2節 仲間関係の形成 …………………………………………………………………… 35
1. 園での生活のはじまりと仲間関係　35
2. 仲間関係の重要性　36
3. 仲間入り　38
4. 仲間に入れない子ども　43

3節 多国籍園児との出会い …………………………………………………………… 45
1. 日本国内で生活する外国籍の人たち　46
2. 日本国内で生活する「朝鮮」籍の人たち　49
3. 日本国内で生活する「韓国・朝鮮」籍の子どもたち　52

第3章 保育者との出会い …………………………………………………… 57

1節──乳児と保育者との出会い─子どもの生きる状況と主体性の展開 ……… 58
1．乳児との出会いと家庭との出会い　58
2．個になろうとする子どもとの出会い　60
3．子どもどうしの葛藤に出会う保育者　64
4．個性としての「逸脱」に出会うとき　68

2節──幼児と保育者との出会い ………………………………………………… 70
1．保育者は「テキ」か「ミカタ」か　70
2．幼児が保育者に求めること　71
3．保育者に求められる役割　72
4．保育者と幼児の関係性　75
5．保育の評価　76
6．保育者と幼児の共変化　79

3節──外国人園児と保育者との出会い ………………………………………… 82
1．異国の保育機関への入園　82
2．感受しつつ誘導する保育者　84
3．文化間移動をする幼児への発達支援　91

4節──保育者と保育の出会い …………………………………………………… 93
1．フィールドの特徴　94
2．子どもと出会う前の不安　95
3．保育と出会ったころのジレンマ　95
4．ケースカンファレンスをとおして保育と再び出会う　96
5．幼稚園と小学校の相違　102
6．保育者の専門性を支える場としてのケースカンファレンス　103

第4章 あそびとの出会い ……………………………………………………… 107

1節──集団保育のなかでのあそび ……………………………………………… 108
1．社会的相互交渉としてのあそび　108
2．子どものあそびはどのようにして始まるか　108
3．あそびのはじまり方法にみる子どもの発達過程　112
4．子どものあそびはどのようにして終了するか　113
5．保育者とともにあそびの「終わり方」を考える　115

2節──あそびのなかでの言語的表現 …………………………………………… 117
1．言葉のはたらき　117
2．人と人とをつなぐ言葉　121
3．環境としての言葉　129

vii

3節──**あそびにおけるからだをとおしてのかかわり**……………………………………………131
   1．保育におけるからだ　　131
   2．子どもどうしのかかわりはからだとからだとのかかわりである　　132
   3．あそびをとおして広がるからだの動き　　133
   4．子どもにとっての他者と同じ動きをすること　　133
   5．子どものあそびにおける他者と同じ動きをすることの意味　　135
   6．子どものあそびにおけるからだを研究することの意味　　143

引用（参考）文献　　145

索引　　149

第1章 保育実践のフィールド心理学の理論と方法

　フィールド心理学は、さまざまな要因が絡み合う現場に身をおいて研究するスタイルをとる。ここ10年ほど、その方法論や理論をめぐって、議論が活発に行なわれている。本書は、とくに保育実践をフィールドとするフィールド心理学について取り上げていく。
　保育実践の場をフィールド心理学というアプローチで研究を進めるとき、当然、いくつもの問いが生じてくる。たとえば、保育実践とフィールド心理学の関係は何なのか、フィールド心理学によって保育実践の何がみえてくる可能性があるのか、従来の他の研究スタイルと何が違うのか、どのように研究を進めていけばよいのか。
　本章は、これらの問いに対する答えを探すための一助となるに違いない。

第1章 保育実践のフィールド心理学の理論と方法

1節 保育実践とフィールド心理学

1——フィールド心理学とは

　フィールド心理学は，伝統的な心理学研究において主流であった，定量的・仮説検証的な研究に対する疑問から生じた研究スタイルである。伝統的な心理学研究では，現象を変数に還元しようと方法論的基準を満たすことを重要視するあまり，肝心の日常生活において意味ある問題を検討することからかけ離れてしまった（Flick, 2001）。

　また，自然科学の原理として中村（1992）は，普遍主義，論理主義，客観主義をあげるが，伝統的な心理学研究もこの原理に基づいて行なわれてきた。データの収集・分析・解釈の過程で，これらの原理に基づいていることが信頼性，妥当性の高い研究として評価された。しかし，こうした研究の結果として「わかった」ことが，日常生活の実感と結びつかなくなってしまったのだ。

　それに対し，フィールド心理学は定性的・仮説生成的な研究である。日常生活のなかで個人にとって重要でアクチュアルな意味をもつ問いをたてようとし，現にいまここで生きている個人，生活のなかで個人をとらえ，その生の姿にヴィヴィットに迫ろうとする（やまだ，2001）。つまり，個人を主体性をもって生活している存在とみなし，個人を個人が生活する文脈と切り離さずにとらえ，その個人にとって重要な問題を見いだしていこうとするものである。したがって，当然個人が埋め込まれている社会的生態学的状況や，個人がどのような関係の編み目のなかで生活しているのかが重要になってくる。そして，また，そのような状況や関係のなかで，どのような相互交渉を展開しているのかという，個別的なデータを集めることが必要となる。そうすることで，そのフィールドで生活することを土台として，歴史的な経験を積んできた，目の前にいる個人の存在のありようを理解することが可能になるのだ。

2——保育実践とフィールド心理学のつながり

　保育実践をフィールド心理学という研究スタイルで検討することにどのような意義があるのだろうか。保育実践は，保育の場で子どもをよりよく育てるこ

とを目的として行なわれている活動である。保育者は，そのために，目の前の子どもたちを，豊かに深く理解することをめざしている。保育のなかでの子どもを理解することと，フィールド心理学とのつながりについて，考えてみる。

(1) 保育実践のなかで子どもを理解するということ

　保育者が，保育のなかで目の前の子どもを理解するとき，従来の自然科学のパラダイムで排除してきた状況性と関係性が大きくかかわってくる（下山，1997）。園にいる子どもたちは，園の外にある家庭環境や社会的環境，自然環境などさまざまな影響を背負って保育者の前にいる。泣いてばかりいる子ども，意地悪ばかりする子どもも，いろいろな事情を背負って目の前にいる。そうした，さまざまな環境に埋め込まれて存在しているという状況性を理解することが，目の前の子どもの態度の理解となり子どもへの共感へとつながっていく（次章第3節・第3章第1節）。園のなかにおいても同様である。保育では「環境構成」という言葉が使われるが，物的人的な環境によって子どものあそびや動きが変わるといわれている。たとえば，園のなかにどれだけ豊かな環境が用意されているかによって，子どもの言語表現や身体的表現が変わってくる（第4章第2節・第4章第3節）。保育者は，子どもの活動のようす，仲間とのかかわりのようすをみながら，環境を再構成していく役割を担っている。

　また，子どもたちは保育者や仲間と多義的な関係性を築いている。それは，固定的なものでなく，流動的なものであり，入園当初の不確かであいまいな保育者との関係はしだいに確かな安定した親密な関係となっていく。仲間との関係も同様であるが，複数の仲間に対しては，親密な関係もあれば，疎遠な関係もあり多層的であったりする。このような関係性のあり方によって，相互交渉の立ち現われ方も異なってくる。仲間入りしにくい子ども，保育者にとって扱いにくいと感じられる子どもなどについて，関係性のありようを検討していくことが，子どもを豊かに深く理解することにつながる（次章第2節・第3章第2節）。

　このように，保育のなかで子どもを理解していくために，子どもの状況性や関係性を検討することは不可欠な要素となる。さらに重要なことは，子どもは状況や関係のなかで，消極的に身を任せるだけではなく，積極的に関与しているという点である。自分で状況をつくりかえたり，創造したりもするし，関係

性をゆさぶることもある。たとえば、園に適応していくことは、子どもが環境に一方的に適応していくだけではなく、環境を変えていくという双方向的な過程なのである（第3章第3節）。また、子どもは大人の規則ややり方をそのまま真似るのではなく、仲間のなかで共通の価値観、ルールをつくり上げていったりする（第2章第1節）。子どもが、このように主体的であり能動的積極的であるということは、刻々と変容していく存在であるということでもある。周囲の状況にあわせて、自分の行動パターンを変えることもできる。子どもが主体性をもって生活し、刻々と変容していく存在であると把握することも、子どもを理解することにつながっていく。

(2) 保育実践とフィールド心理学の個人のとらえ方

　フィールド心理学では、個人を主体性をもった存在として、個人を個人が生活する文脈と切り離さずにとらえ、その個人の状況性や関係性を含めて、個人の存在のありようを探ろうとすることは、前述した。このスタンスは、保育実践のなかで、子どもを理解していくために、必要となるスタンスである。保育実践のなかで子どもをより豊かに深く理解するためには、子どもが主体的な存在であり、刻々と変容していく存在であることを前提に、その子どもの状況性や関係性について考えめぐらすことが必要となる。また、保育実践のなかの保育者を理解するうえでも、同様なことがいえる。保育実践とフィールド心理学は個人をどのようにとらえるかという点でつながっている。

(3) 保育実践研究と保育実践のフィールド心理学

　保育実践の場を対象とする研究として、保育実践研究がある。この保育実践研究とフィールド心理学は、研究の目的がまったく同義ではない。保育実践研究は、実践の有効性を高めていくことが目的となる。子どもをよりよく育てていくために、どのように保育していけばよいのか、という具体的な議論が求められる。フィールド心理学では、そこで生活している人たちが抱えている問題を見つけ、解き明かそうとする。やまだ（1997）は、実践研究は現実の変革をめざすが、フィールド心理学は法則定立のための宝庫ともなるはず、とする。保育実践のフィールド心理学でも、保育実践の場で生じる現象について、なんらかの法則定立（モデル）などの論を提示することが目的となる。

　しかし、また、保育実践研究と保育実践のフィールド心理学は、まったく別

個のものでもない。両方とも，保育の場で子どもをよりよく育てていこうという大きな目的をもっている点では共通している。フィールド心理学で得られた知見を保育実践の場にどのように還元していくか，保育実践研究で得られた知見をフィールド心理学の問題提起や解明にどのように活かしていくのかが，保育実践のフィールド心理学の今後の課題であろう。

3──保育実践のフィールド心理学の方法

　ここでは，とくに，「保育」が営まれているその場をフィールドとする研究の進め方について，考えていきたい。そのために，まず保育実践の特徴を押さえる。

(1) 保育実践の特徴

　子どもの状況性，関係性の理解，そして主体性をもった存在としての子どもの理解が，保育実践をより豊かなものにし，子どもをよりよく育てる一助となることは確かである。しかし，保育実践の場で，保育者が子どもとかかわるときにこれらのことを理解して，いつもうまくかかわれるわけでは当然ない。多くの場合は，子どもの行為の意味がわからず，いわば「即興的」なかかわりをする。これは，保育実践が，個別的で，多義的，偶然的な特徴をもつためである。ある子どもに有効だったかかわり方が他の子どもには役に立たないこともあるし（個別的），同じ行動でも子どもによって，あるいは状況によってまったく意味の異なる行動である場合もあり（多義的），ある行動が生じるかどうかは予測することがむずかしい（偶然的）。

　このような特徴をもつために，保育者は，自分のかかわり方について内省することが必要になり，ケースカンファレンスなどによって自分自身の子どもに対する解釈を多角的に見直したりする（第3章第3節）。

　それでは，個別的で，多義的，偶然的な特徴をもつ保育実践のなかで生じる事例は他者に共有されないかというとそうではない。保育実践のなかで生じる事例を聞くとき，保育実践に身をおいたことがあるものなら，自分の出会った子どものだれかしらを思い出しながら聞くことが多いだろう。そして，事例にでてくる子どもの家庭環境や，子どもや園を取り巻く地域のようす，子どもたちどうしの関係，保育者との関係についての情報がほしくなり，その情報を自

分の頭に浮かんだ子どもと摺り合わせたりしている。これは，個別的な実践が共有される実践になっていることを示す。実践にでてくる子どもたちの状況性や関係性を表わし，実践を丁寧に個別化していくことで，実践は共有されていく。

(2) フィールド心理学のデータの収集・分析

保育実践のフィールド心理学で取り扱うデータも，保育実践の事例である場合，前述同様に非常にローカルなデータという特徴がある。実践同様に，ローカルなデータも精緻化していくことで，共有されていく。精緻化されたデータから引き出された解釈は，より妥当性のあるものとして受けとめられる。

それでは，どのような方法をとって，データを精緻化していけばよいのだろうか。保育の場で生活している子どもたちは，さまざまな状況を背後に抱え，関係の編み目のなかに存在している。複雑な要因が絡み合って，目の前の現象をつくり出している。その点を十分に考慮したうえで，データの収集・分析の方法について考える必要がある。その際に，参考になる手法が，フィールドワークの技法である。

実際に，フィールド心理学の方法は，フィールドワークの技法に負うところが多い。フィールドワークでは，対象となるフィールドで生活する個人を，その個人が生きている文脈ごと抽出しようと試みる。そして対象としたフィールドがどのような文化的価値観や意味で満たされ，そこで生活する人々が，文化にどのような影響を受けているのかを探ろうとする。

フィールドワークの具体的な研究方法は，観察を主体とするが，その方法だけにこだわらない。インタビューや質問紙など，多様な方法を使う。さまざまな方法を使うことで，生じている事象を多角的にとらえることが可能になり，そうすることによってよりリアリティーのある事象を描き出すことができる。一般的なフィールドワークの技法については，さまざまな書籍が出版されている（たとえば，箕浦，1999；佐藤，1992）。このような書籍を参考にするとよいだろう。

とくに保育実践のフィールド心理学では，「保育」が行なわれている場でフィールドワークをすることになる。すでに述べてきたように，「保育」のなかで生活する子どもたちを理解していくには，子どもの状況性や関係性をとら

えていくことが必要であり，それにはフィールド心理学のアプローチが有効であった。そうしたことに十分目配りしたデータから得られた解釈は妥当性の高いものとなり，そこから生まれ出た論は共有できるものとなる。

　また，保育実践の場をフィールドとするということは，子どもたちが日々の生活を送っている場でデータを集めるということだ。その点を十分に配慮し，保育者としっかりとした信頼関係を結ぶことが必要になる。そのために，フィールドに入る前に，自分の研究目的，方法，連絡先を明らかにして，しっかりインフォームドコンセントを行なう。また，保護者への許可の取り方も園側と話し合っておく。保護者向けの書面の提出が求められることもあるだろうし，保護者会であいさつすることが求められることもあるだろう。園の状況によって，保護者への対応は異なってくる。フィールドに入った後も，フィールドにおける自分の位置づけについて確認し，保育者や保護者，子どもたちが自分をどのように受けとめているのかについて目配りしておく。フィールドにおける自分自身の与える影響を検討することもできるし，フィールドとの良好な関係を保つためにも必要なことだ。

　また，倫理的問題についても配慮が必要である。研究の倫理は，学会ごとにその基準が整理されつつある。それを参考にして研究を進めることが重要である。それ以外にも，フィールドごとにある倫理を把握しておく。自分がいままで常識と思っていたことも，あるフィールドでは通用しないことがある。おのおののフィールドの状況を把握し，フィールドでの他者との関係を十分に配慮し，正しいと思える選択をし，その結果生じた結果に対して責任をとる覚悟をもって，行動していくしかない（箕浦，1999）。

4 ── 保育実践のフィールド心理学の可能性

　保育が行なわれている場では，環境構成，仲間関係，保育者の子ども観，子ども自身の育ちなど，子どもを取り巻く，さまざまな状況的，関係的要因が複雑に絡み合いながら，実践活動をつくり出し，子どもの育ちにかかわってくる。さまざまな要因の絡み合いが，保育という場がもつ力となるといえるだろう。

　子どもたちの生活の場のなかで子どもの育ちをとらえようとするフィールド心理学は，子どもの育ちが，その場のもつ力と切り離されたところには存在し

ないという前提に立つ。このスタンスが，子どもをよりよく育てることがめざされている保育実践にとって，意味のある問題を抽出することを可能にする。

　子どもが育つ場である実践活動の場で，子どもの育ちにかかわるさまざまなできごとを詳細に読みとり，何がそこで生じているのかを丁寧に紡いでいくことで，複雑な要因が絡み合った保育実践の場で子どもが育つ姿を浮き彫りにすることができるのだ。それはまた，保育実践のフィールド心理学に求められていることでもある。

2節　保育実践のフィールド心理学の研究の進め方と枠組み

　本節では，保育者，保育志望の学生，また保育について研究する院生や研究者が，保育実践を対象として研究する際の研究の枠組みと進め方について述べる。保育所・幼稚園などで働き，また手伝い，観察などをして，その事例などからあることを主張したいとする。そのときに何に気をつけて，何をまとめていくかを考えたい。

　「事件は現場で起こる」のだから，何より研究の大本はその現場に立ちもどり，そこで考え，そこから理屈だてていくことなのである。その方法論を基礎として成り立つものがフィールド心理学の理論となる。

1——過剰に詳しくとらえよう

　保育実践をその現場（フィールド）でとらえ，ある特徴や規則性を取り出したいと思う。そのためには，自分が行なう実践をふり返ったり，他の保育者の実践をよく見て，メモをとったり，ビデオにより記録して，そのビデオから分析したり，また，実践者に聞き取りを行なったりして，研究を進める。では，たんに自分や他の人の実践について感想や意見を述べることとどこが違うのだろうか。

　何より徹底した記述をフィールド研究では行なうのである。興味をもった子どもや保育者の行動や現象を克明に述べていく。ある場のようすを詳しく述べていく。日々出会うことがらについて，そのようすをできる限り詳しく書きしるす。

たとえば，幼稚園では子どもどうしはどのようないざこざを起こすのか。それはどのような発達的・保育的な意義があるのか。それを知りたいので，観察する。メモをとる。ビデオを回す。いざこざとおぼしきところを記述する。ただ，そのとき，AちゃんとBちゃんがものの取り合いをめぐっていざこざをして，結局，保育者が話を聞いて，いっしょに遊ぶことになった，としるしても，分析はさきに進まない。その具体的なようすがわからない。どのようなことを言い合ったのか。何に使いたいのか。保育者はいかに話を聞いたのか。
　どのくらい詳しく，というのは，目的により，場合により異なるので，一概にはいえない。ただ，ふだん，とくに研究という意識をもたずに行なっている程度よりはずっと詳しく，詳しすぎるくらいがよいのである。それはなぜか。そこに，フィールド心理学がたんに現場にかかわり検討するということをこえていく契機がある。しかも，詳しい記述ということとそこから構築していく理論とは密接につながり，切り離しがたいものでもある。
　理論化していくためには，現実をいわば容易に見える部分からさらにさきに深く進んでいかなければならない。その武器が詳しい記述である。そのために，ビデオや再度の聞き取りやまた子どもや保育者に絶えずついて回ってのメモ書きを行なう。そこで，記述しつつ，また記述をくり返し読み直しつつ，しだいに何かみえてくるものがあるかもしれない。それが，現場に根づいた発見であり，思索であり，理論への種となるものである。
　過剰な詳しさはいつもわけのわからなさを呼び込む。事実に即して詳しく書いていくと，自分の知っている事態の整理のしかたで記述するのではおさまらないからである。そこから新たな理解の可能性が生まれる。また，自分のわかっていることはわずかでしかないと，現実に新たに立ち向かう謙虚な姿勢を生み出せる。
　だから，記述するという行為に真剣にならなければならない。何をどのようにして記録し，その記録から記述をどのようにしてつくり出していくか。どれが正しいということではなく，そこにはいろいろなやり方がある。くり返し試行しつつ，記述と思考を往復させていく。
　なお，記述は現場の記録である。記述は現場から離れるものではあり得ない。どんなに詳しくても，記述は現場のある種の縮図である。現場を思い起こす手

がかりである。

　だが，同時に，現場はあまりに複雑で多面的であり，しかも，思い起こして，分析を開始しようとすると，とりとめがない。縮図は詳しいながら，そこに書いてある範囲にとどまる。だから，ある部分はやたらに詳しくても，その書いている範囲のことだけに注意を向けさせることには意味がある。そこで焦点化して考えるようになるからである。

2 ── 数量的な質問紙でとらえられないものをみよう

　現場を質的にとらえるとは，簡単にアンケートや質問紙ではとらえられない深いところに進もうとすることである。だから，アンケートでもとらえられることならまだ質的な分析にいたっているとはいえない。

　いろいろと事例をあげていても，それから，何か5段階で聞くなり，イエス・ノーで答えてもらうなりするのと同じ結論となるのなら，アンケートを使い，多数の人や園について調べるほうが信頼性は上がる。「要するに」という結論が量的な研究と同じになっても，それにいわば注釈し，条件づけ，また場合によって，さまざまな凹凸やニュアンスや，さらには諸条件の重なり合いと絡み合いが示されるのなら，質的な分析に価値がある。

　ある現象が多いとか少ないとか，多くの園ではこうしているとか，多くの子どもはこうだといった結論を引き出したいとか，仮説としてあることがらがよく起こるなどと言いたい場合，量的な研究のほうが適している。多数の事例を集めて，それらのなかでの傾向をみるべきだからである。もちろん，フィールド研究は，その種の量的な研究を排除していない。それと質的な分析を組み合わせる場合もしばしばある。ともあれ，問いと答えの形式の対応を考えて，方法を選ぶべきなのである。

　そもそも，アンケートに答えようとするときに，こういう場合もあり，そうでない場合もあり，ある程度そうだとはいえ，そこに微妙なニュアンスがあり，と迷う場合も少なくない。それが場合分け程度なら，いくつかの場合ごとにして質問に直せばよい。だが，いくつかの場合分けにはおさまらないニュアンスが多々あるとか，まだよくみえないが他のいろいろなことがらが関与していそうで単純な結論が出せないということがある。それもまた質的に詳しい記述と

分析が必要な場合を示しているのである。

3 ── 既成の概念を疑おう

　保育の世界では（またどのような世界にも），その研究面でも，実践面でも，しばしば使われる言い回しがある。幼稚園教育要領といった公式の規定もあり，また伝統的に現場で使われる表現もあり，またある研究者が創始して広まったものもあり，また他のとくに心理学や学校教育の教育学の学問から入ってきたものもある。当然ながら，それらの概念と言い回しを使わないと，何も記述できないし，実践についてふり返り，計画し，進めることすらできない。研究者もまた，研究者の勝手な表現ではなく，先行研究の概念と言い方を習い，また実践での表現に学びつつ，自分の記述と理論を組み立てていく。

　「子ども」「保育者」「保育」「自由」「思いやり」「指導」「あそび」「仲間」「いざこざ」等々どのような言葉でもよいが，それをあたりまえで当然のこととしないほうがよい。何が子どものためになり，何が保育に役立つか，とりあえずは，括弧のなかに入れる。そのようにして次つぎに既成の概念や言葉を使わないようにしていく。

　もちろん，あらゆる概念も言葉も使わないというわけにはいかない。どんなささやかな記述にも言葉は必要だし，どんな小さな分析にもこれまでの保育研究の概念をもち込まざるを得ない。そうであってこそ，これまでの研究につながり，これからの保育実践に意味をもち得る。そうではあるのだが，そこで何かをみずからに対して禁句にしてみるのである。あえて使わない言葉や概念こそが，何かよくわからないが，気になり，検討してみたいことであり，その検討をとおして，新しいことを見いだせる通路となる。

　とくに，よい概念や言葉に寄りかからないことがたいせつだ。「やっぱり〜はたいせつよね」と結論づけないことである。「やっぱり」とは，既成のありきたりの，それでもって，多くの現象をひとくくりにしてしまう，危険な言い方である。それが覆い隠してしまう現実をこそみていかなければならない。ひとくくりにしてしまうなかに，細かい種別やニュアンスの差を取り出していくのである。

　ある言葉がいろいろな意味で使われていて，何かおかしいと思ったり，さま

ざまな意味合いを込めすぎていると感じたり，また，それを使うからすぐにわかった気になってしまうと思うなら，それについて対象化して考える必要がある。そのために，その言葉を使わないで，詳しい記述を行ない，それを出発点とするのである。

4──理想や理念を現実を経て鍛えよう

　ある理想や理念があるとして（「自由保育」とか「誘導保育」とか…），それが正しいことには確信があり，研究を経ても，その信念は変わらないかもしれない。だが，現実の検討を経て，いわばその概念の立体性は大きく変容して，ふくらみと深みのあるものになっていくだろう。

　実際にはどのような姿として現われるのかを，現場のなかでみていく。体験していく。そうすると，そのすべてが，たとえば子どもを自由にして保育するというわけではないことも，しかし，そのなかで子どもが自由感を得て活動しているようすもわかってくる。大事なことは，1つの原理や理念で現場が動いているのではなく，多種多様なもののなかでゆれ動きながら成り立っていることを見定めていくことである。

　その多種多様な原理や理念はすぐにはみえてこない。現場は，一方で，型通りに進んでいる。こうやるものだとなっており，またその決まりきったやり方は特定の理念の具体化とされる。その一方で，よくわからない動きも多々ある。なぜか起きてしまったり，根拠もよくわからず，ともかく以前から行なっていることであったりする。

　その一つひとつになじんでいく必要がある。だが，そのなかで，すべてをあたりまえに化していくのがよいのではない。実践者としてはとりあえずそれでよいかもしれない。だが，研究者としては，なじみつつ，違和感を覚えるものを取り出していかねばならない。そのためには，いくつかなすべきことがある。1つは，その都度，気がついたり，新たに起きたり，聞き取ったりすることを，メモしていき，それにそのときに考えたことや感じたことを加えて，フィールドノーツを書いていくことだ。

　もう1つは，気になることについて，あるいは，継続してみようと決めたことについて，そこでのものと人と場の関係を丁寧にとらえることである。詳細

な記述とは具体的には，そういったものをさす。だれがだれと何をどのようなものを使ってしていたか，そのまわりには何があり，どのようなことが生じているか。それらが，1秒ごとの時間の経過に従い（時間の単位は目的に応じ，もっと細かくもあり，もっと粗いこともある），どのように変化し，相互に関係していくのか。いざこざでものの取り合いをしたときに，それは積み木をめぐってであった。その積み木は大型のものである。遊戯室いっぱいに散らかしていた。はっきりと囲みがあるところと，その外に置かれているものがあった。そこにのぞきにきた子どもが外に置かれていた積み木をとって，遊戯室の外に持っていこうとした等々の記述が必要になる。

　同時に，その際の分析に進む前に，自分の内面の感じ方に注意を払おう。現場に浸ることで，何か体感のようなものが生まれてくる。心のなかの引っかかりとよんでもよい。それが生まれることが現場に浸ることの効用である。

5 ── 仮説や分類はしだいにできあがる

　実験研究や質問紙を使った研究は，多くの場合，研究を始める前とか，先行研究を検討したところで，仮説や予想ができる。少なくともそうすることがよいことだと想定されている。また，実践者が研究する場合も，幼稚園教育要領なりそのときの課題が与えられて，それを枠組みとしていたり，あるいは自分の園や個人的に依拠している保育の理念なりは正しいものであり，そこからはずれていることを直し，改善したいと思って，研究を始めることも多い。そういったことは，フィールド研究でもあってもよいのだが，しかし，一度は，そういった仮説や予想や枠組みをはずすことで，新たな発見が導かれる。

　フィールド研究の理論とは，現場に出会うなかで，その現場に起こっていることに即して生まれたものに根をもつものをさす。もちろん，他に，先行研究も，さまざまな実践者の発言も，園その他で参考にしている文書類も，また並行してなされる質問紙やその他の研究も，すべて検討して，自分の理論を構築していく。だが，フィールド研究の独自な点は，まず，それらの他の出所のものはさておいて，いま目の前に生じているものについてよく見て，考えるということから始めるという点なのである。その後の理論的な展開においても，その根を忘れず，そこで感じ考えたことと整合的にしていこうとすることで，研

究は現場に根づくことが可能となる。

　現場で何かを見聞きし，その都度，それについて考え，ノートにしていく。そこから，何かがしだいに見えてくる。急がず，丹念にそのときに思うことを言葉にしていく。これとこれは違うようだが，同じ何かから生まれているのではないか。これとこれは似ているようだが，異なる現象なのではないか。それはこのように説明できるのではないだろうか。そこから現場に根づいた仮説が生まれてくる。

6──小さな事例を納得がいくまで考えてみる

　新たに仮説や理論を生み出すといっても，現場に浸り，種々の記録をしるしているうちに，自然に浮かび上がってくるとは限らない。というより，そのような具合のよいことはめったに起こらない。あるときに，気になることについて，集中的に考えてみることが必要だ。

　他のとくにその現場を知らない仲間と議論するとか，暫定的な考えを研究会などで発表するというのもよい手である。だが，それにしても，自分でしっかりと考える過程を必ず経なければならない。

　そのために，詳細な記録をもとに，そのときのことを思い起こしつつ，一字一句考えてみるとよい。あることが起こる。次に別のことが起こる。なぜそうなったのであろうか。どのような要因がはたらいているのか。どのようにして説明がつくか。何か理屈が立たないか。そういった作業を数個の事例・エピソードについて行なう。

　もちろん，最初はついありきたりの説明をしてしまう。教科書で読み，授業で教わり，また講習会で教わってきた型どおりの説明というものがあり，どうしてもそれが思い浮かんでしまう。それを完全に振り捨てることはできないが，うかつにそれに頼らないようにしようと意識はできる。子どもはものを取り合うもの，いざこざをすぐに起こすもの，そのいざこざから成長する等々，それはおそらく正しい。だが，それにさらに踏み込んで，その細かい記述をとおして，具体的に考えていくことから何か新しい発見は生じ得る。

　そのエピソードに対して驚きを感じることが，分析の出発点になる。なぜこんなことが起こり，次にこのことが生じていくのだろう。その生起やつながり

について，私は説明を知らない，と自分に言ってみる。まるで今日生まれてきた赤子のように新鮮な目で，この保育という現象を見直してみる。なんて不思議なことをしているのだろう。子どもがわけのわからないことや自己中心的なことをするなどが当然と思わずに，なぜと考え直してみる。3歳だから，5歳だからと決めないで，年齢相応のことをしているとしても，それを改めて見直してみる。

その分析をとおして，あたりまえのことに疑問を提起するのである。既成の概念が正しいとしても，個別具体的なやりとりや動きまでは説明していないではないかと問うていくのである。

それが既成の概念や理論とどう違うのか，その何を否定することになるのかを考えることが，次の段階として必要になる。それはあらゆる研究において，オリジナリティを主張するときに必要な手続きだが，現場からみえたことに執着することで必ず何か違いがでてくるはずだ。大きくは先行した理論が正しいとしても，その現実化の条件を新たに提出していくこともできる。世間では園ではこうするもの，ということに疑問を投げかけ，根拠を問うていく。その説明のすべてを自分ができるはずもないが，少なくとも，具体的なエピソードや事例の範囲でこうかもしれないと提示はできる。

7 ── 思い切って理論を創案する

詳細な観察記録や事例を累積することは不可欠の作業であるが，研究としてはそのさきにいかに進むかがかんじんである。ありきたりの理屈で説明することをやめて，いわば白紙で記録と向き合い，考えるということを強調してきたが，実は，それだけでは限界がある。すぐに壁にぶつかる。壁にぶつかりつつも，くり返し記録をし，考え…と単調な作業を続けて，何か月も（時に何年も）行なっていくのである。

だが，それにしても，どこかで思い切って飛躍しなければならない。相当に何度も記録を詳しく見て，考え，そのときのようすが夢にでてくるくらいに，その意味を検討していくのだが，しかし，どこかで「見る前にとぶ」のである。すべての記録は検討しきれない。というより，膨大な記録のごくわずかしか丹念な分析は可能でない。だから，いつもとぶときはやり残した，まだ分析すべ

きなのにという心残りとともにとぶのである。

　だが，そのとぶ過程で確信をもつのでもある。すべてを完璧に分析してからというのは誠実な態度に思える。だが，それでは永遠にさきの一歩を踏み出せない。どこかでとぶしかない。だが，闇雲にとぶのではない。何かこうであろうという直感がはたらく。それを理屈だてて，言葉に連ねてみる。そして，再度，事例を分析し直す。試しに別の1つを分析する。その過程のなかで確信が生まれる。そうだ，これでいけるという感じ方である。

　だから，思い切りとは論文を書き出すことであり，人前にそれを発表することであり，それを使って，他の事例を分析してみることである。その際，うかつに「批判的」に自分の考えを吟味することは避けたほうがよい。それはまだ風雨にさらされる前の苗床にある苗みたいなものである。まずは大事に育てたい。そのよい点をわかり，励まし，膨らませ，発展させてくれる相手と話すことが決定的に重要になる。

　しだいに多くの事例に根を張って，しっかりと茎も太くなり，葉もでてきて，無理解であろう聴衆に対しても提示できるようになる。別な事例，またあり得る事例を引用できるようになるし，先行研究に対して，どこが違うかを明示できるようになるからである。

8――一期一会としてまたくり返し起こるものとして出会う

　現場で起こることは，あるときにある人たちがある場の配置のなかで行為し，生じることである。すべて固有名詞をもち，1回限りのこととして成り立つ。個性をもった子どもと保育者と園のなかで生じている。その日の特定の時間の特定のものの配置において，特定の子どもの気分とあそびの流れのなかであるやりとりは生まれる。聞き取りにしても，相手と自分の関係のなかで，特定の日の活動の記憶のなかでなされていく。

　1回限りということは，できごとはいつも一期一会のことであり，何か普遍的に成り立つ法則では説明できないということだ。理由も根拠もみえずに，いろいろなできごとは生じていく。

　世の中のすべてのことがらは1回限りとして起こっている。だから，それを普遍的でいつも同様に生じるものだと想定すること自体を疑ってよい。実験や

質問紙などの研究は，その普遍性という想定を通常はおいていて，できる限り，1回限りとなる要素を排除していく。偶然とか，固有性のはたらきを除いて，いつも変わることのない特徴を取り出そうとする。

　それはそれで1つのアプローチであるが，フィールドでは1回限りという特徴が表にでてくる。だが，理屈としてはそこから普遍性のある理論をたてていく。そこで，1回限りと普遍性をつなぐことがみえやすくなる。その間にはギャップがあり，飛躍がある。そのことを承知して，絶えず思い起こさせられることが大事なのである。それは弱点ともなり，よさとも思えることでもある。

　もう1つ，保育や子どものあそびの研究で大事なことは，1回限りでありつつ，（少なくとも特定の文化のもとでは）多くの園で子どもや保育者は似たようなことをするということである。そこにくり返しということが確認できる。どこかの園での事例をみて，自分のかかわりのあるところをみてみれば，たいていは，似たことが生じているのである。その意味での検証可能性をもっていることは，保育のフィールド研究に独自の特徴をつくり出している。それは，幼児教育という制度的な成り立ちのなかでの規制と文化的伝統とともに，子どもがもつおそらくかなり普遍的な生物的社会的文化的な特質にもよるのだろう。もちろん，そのことに安住してはならない。また別の可能性があるのに，それをみてもいないし，気がついてもおらず，その結果として，現実の可能性を狭めているのかもしれないからである。

9 ── 現場と協同して進める

　保育研究の特徴のおそらく最大の点は，研究者と実践者の協同体制の緊密さにある。1つは，学校教育全体と同様に，保育者は自分の保育の反省と改善を職業的責務の1つとして組み入れている。園全体もそうである。最近では，互いに保育を見合い，またビデオに撮って，保育を改善することはふつうになってきた。第二に，その際に，保育者は専門家からの助言を受けるという慣例が必ずというわけでもないが，あることがあげられる。保育実践そのものへの助言を受けることはまだそう多くはないかもしれないが，しかし，なされてよいことだという認識はあるだろう。専門家に保育などをビデオに撮ってもらい，分析から改善に向けての資料を得ることなども広がりつつある。

研究者の多くもまた，保育実践の改善を問題意識の1つとしてもっている。時に，発達や教育の研究者でたんに子どもの観察資料を得るだけという人もいるかもしれないが，その姿勢は当然ながら批判を受けるだろう。

もちろん，実際にどのように役立つかはむずかしい。とくにこれまで強調してきたように，新たな理論的な構築をめざすのがフィールド研究の本道だとしたら，それはすぐに成果がでることではない。また，成果がでるとしても，保育者の改善したいと思っている点と重なるとは限らない。通常は，ずれていることだろう。

そこで，日ごろの観察記録やそこで思ったことなどを観察する側は絶えずまたすぐに保育者などに提示するという必要がある。長期にわたる研究のねらいとはまた別に，その保育のようすについて話し合うとか，メモを渡す程度でも，問題意識のある保育者ならそれを活用できる。

また，保育者側が視野の広がりを得ていく必要もある。自分の保育の枠組みは不変であり，絶対の確信をすべてにもち，それを広めるだけ，という人にとっては，保育の枠組み自体を見直そうとするフィールドでの研究は役立ち得ない。基本にまでさかのぼって考え直そうという志において，研究者と実践者は，根本的なところで協同できるのである。わからないということをもとにして，でも，少しは理解できることもあることを希望として，進めていくことは，実践も研究も同様だからである。

 研究課題

1. 保育実践の現場をフィールドとする研究を読み，どのようなと問いがたてられ，事例が分析されているのかを調べてみよう。
2. 自分の所属している学会の倫理規定を読んでみよう。フィールドに入り，研究を進めるときの参考になるはずだ。
3. 保育あるいは子どもの活動のようすを，30分観察し，それをメモでよいので，詳しく記述してみよう。それに，さらに書き足しつつ，詳しい記録とする。そのうえで，それについて，考察を加えてみる。よく保育界で使われる言葉のいくつかを自分に禁じて，考察するとどうなるだろうか。

推薦図書

- 『フィールドワークの技法と実際―マイクロ・エスノグラフィー入門』　箕浦康子　ミネルヴァ書房
- 『現場（フィールド）心理学の発想』　やまだようこ（編）　新曜社
- 『フィールドワークの技法―問いを育てる，仮説をきたえる』　佐藤郁哉　新曜社

第2章 仲間との出会い

　保育所・幼稚園への入園は、これからの長い集団生活への入り口でもある。家庭で親子関係中心であった子どもたちが、仲間関係を経験するようになり、その重要性も帯びてくる。保育実践の場における仲間関係の様相を丁寧に見取っていくことで、仲間関係が子どもたちにとってどのような役割を果たすのかをとらえることができる。

　本章では、保育現場の特徴である同年齢、あるいは異年齢の子どもたちが集団で生活することに着目し、仲間と過ごすことが子どもたちにとって、どのような意味をもつかを取り上げる。また、多国籍の子どもたちがいっしょに過ごすことも徐々に増加している現状から、多国籍児との生活についても取り上げる。仲間とのやりとりのなかで成長していく子どもたちのようすを理解することができるだろう。

第**2**章　仲間との出会い

1節　仲間文化

1――園における仲間文化

　子どもが保育所や幼稚園に入園すると，多くの見知らぬ子どもたちとの集団生活が始まる。見知らぬといっても，大人と違って同じ子どもである。同じテレビ番組を見ていたり，同じようなあそびが好きだったりすることがすぐにわかってくるだろう。さらに入園した後，いっしょに遊んだり，行事にいっしょに取り組んだりすることで，子どもたちは多くのやりとりをかわして互いに影響し合い，またできごとを共有していく。さらに独特の遊び方や活動をまわりの子どもたちとつくり上げていくこともある。このようにして，園で生活している子どもはまわりの子どもたちと共有する価値や関心・記憶や思い出・知識・活動などの仲間文化（peer culture）をもつようになると考えられる。仲間文化はある子ども集団に固有な部分もあるし，子ども集団間で共通にみられ，大人との違いが際だつ部分もある。

　以下ではコルサロ（Corsaro, 1985）の研究を参考にしながら，仲間文化の様相を具体的に検討していく。その際に，子ども集団としては，園生活で最も基本的なクラス集団を中心に取り上げる。具体的事例は，主として，筆者が縦断観察した5つのクラス集団の記録から引用する。クラスAは保育所0歳クラスから1歳クラスにかけての1年間の縦断観察，他のクラスB〜Eは幼稚園4歳クラス入園から5歳クラス修了までの2年間の縦断観察である。

2――仲間文化の領域

　仲間と共有するのはどのようなことなのだろうか。ここではいくつかの領域に分けて考えていきたい。領域として取り上げるのは(1)価値・関心, (2)ルーティン, (3)記憶, (4)知識, (5)ルール, (6)大人の定めたルールへの抵抗である。

(1) 価値・関心

　園で生活する子どもたちには共通して価値をおくもの，関心をもつもの，意味を見いだすものがあるようだ。また，逆に子どもたちが共通して軽んじたり，

低くみたりするものもあるようだ。そうした価値・関心の例をいくつかあげる。

①お母さん役

　入園当初，クラスBでままごとが始まるといつも，お母さん役をだれがするかが女児たちの間で話題になった。しだいにゆりがお母さん役を独占するようになると，「いつもゆりちゃんばかり」と文句がでるようになった。家で「お母さんになりたいのになれない」とこぼす子どももいた。こうしたようすから，女児たちにはお母さん役が人気で，重んじられていると推測された。

> **事例　お母さんやらせて（クラスB・年少時2月）**
>
> みかたちがままごとの役決めをしている。みかが「りなちゃんが一番上のお姉さん」，しおりが「私一番上のお姉さん」と宣言し，ゆりがうなずく。ゆりが「（私が）お母さん」と宣言すると，みかが「また，お母さん」と文句をいう。みかが「明日お母さんやらせてくれる？」と聞くが，ゆりに「明日休んだら」とあしらわれる。

②「赤ちゃん」であること

　クラスBのしおりは，入園当初から他の子どもたちから「赤ちゃん」「小さい子」「自分たちができることが（まだ）できない子」として扱われた。次の2つの事例では子どもたちがしおりを「小さい」と評したり，しおりに赤ちゃん役を振ろうとしたりしている。事例「小さいからだめ」での，小さいことに対するネガティブなトーンからも読み取れるように，赤ちゃんであることは子どもたちの間では評価の低いことのようだ。事例「赤ちゃんはいや」では，赤ちゃん扱いされることをしおり自身が非常にいやがっている。

> **事例　小さいからだめ（クラスB・年少時6月）**
>
> 　てるたちがシャベルで砂場を掘っている。ゆりが仲間に入ろうとしたことから「力がない子は入れない」という話になる。
>
> 　しばらくしてしおりが砂場に来てうろうろしている。ごろうが「しおりちゃんは絶対だめだよ。だって力があんまりないもん」，てるが「あと小さいからな」，ごろうが「うん，小さいし，あんまり力がないし」，てるがシャベルをちょこちょこと動かし「こんなくらいしか」，「そうそうそう」とごろうも同じように動かし笑い顔―しおりがいつの間にかそばに来て見ている。ごろうが「ふつうの大きい子はこんなだけどね」とがつがつとシャベルを力いっぱい動かす。てるとごろう2人で「うりゃうりゃうりゃ」と言いながら掘る。しおりは去る。

第2章 仲間との出会い

> **事例　赤ちゃんはいや（クラスB・年少時4月）**
> みかたちのままごとにしおりが仲間入りする。しかしすぐに「はい，もうでていってください」と言われ，でる。少しうろうろしたあと，読書コーナーでじっとしている。みかが「赤ちゃんになってくれる？」と聞きにくるが断ったようす—そのあと，みかたちがまだ「（しおりを）赤ちゃんに」と話し合っているのを見ているが，突然すっくと立ち上がり，「違うわ！　赤ちゃんなんて！」と怒って外にでる。

③互いの家に遊びに行くこと

　園では，家に遊びにくるよう誘ったり，行きたいと希望を述べたりして，降園後の行き来を約束する行動がみられる（事例「家に行っていい？」）。時には競い合うように「〜ちゃんち行ったことある」ことが話題になったりした（事例『〜ちゃんち行ったことある人』）。いざこざのときに「もう行かない」とおどすようにもち出すこともあった（次項の事例『もうおさむくんち行かない』）。こうした事例から，子どもたちにとって家の行き来ができるかどうかは大きな関心事であると思われる（倉持・柴坂，1998）。このことは，子どもたちどうしの「家の行き来」の約束が，降園時に迎えにきた親に承認されなかった場合の子どもの抵抗からもうかがえる（事例「家に行けなくなって」）。

> **事例　家に行っていい？（クラスB・年長時7月）**
> ままごとコーナーにてるたちがいる。てるが漢字を書いて「これは，何と書いてあるか」と聞いて遊んでいる。てるがそばにいるなおとに「今日，なおとんちいっていい？」と聞く。けいじは「俺は行かない」と言う。てるが「だめ？」となおとにまた聞く。

> **事例　「〜ちゃんち行ったことある人」（クラスB・年少時9月）**
> お弁当時，ゆりたちのテーブル—えりが「りなちゃんち行ったことある人，手あげて」と言い，えり，ゆりあが「はーい」と挙手する。ゆりは「ない，私」と憮然とする。ゆりあが「私行ったよね？」と確かめるとえりがうなずく。ゆりが「ゆりあちゃんち行った人，手あげて」と言い，ゆり，えり，あけみが「はーい」と挙手，えりが「とこちゃんち行ったことある人，手あげて」と言い，えり，ゆりあ，ゆりが「はーい」と挙手する。ゆりあが「じゃあねー」と考える。みんなゆりあを見る。ゆりあが「じゃあ，ゆうちゃんち行ったことある人，手あげて」と言い，ゆりあ・えりが「はーい」と挙手—この話題が続く。

> **事例　家に行けなくなって（クラスB・年長時2月）**
>
> 降園前にけいじとようたはけいじの家でゲームをして遊ぶ約束をしていた。降園時になって迎えにきたようたの保護者が，医者に行くのですぐにはけいじの家に行けないと言い，ようたが泣く。ようたの保護者が「連れてってあげるから」となだめるが，ようたは保護者をパンチする。保護者は「ね，だから，いったん帰って」となだめる。けいじの保護者がどうしたのか尋ね，ようたの保護者が事情を説明する。ようたは泣き続けている。けいじの保護者が「ようたくんが来るまでゲーム見ないで待ってるからね」と話す。けいじも「すぐだよ」とようたに言う。ようたは保護者と医者に行く。

(2) ルーティン

コルサロ（Corsaro, 1985）はルーティンについて「子どもたちがくり返し協同で作り上げる，予測可能な活動」と述べている。以下ではいくつか例をあげる。

①お皿たたきルーティンとかくれんぼルーティン

クラスAは0歳児クラスで，観察を始めた当初歩けたのは1人だけであり，子どもたちどうしのやりとりは起こりにくい状況だった。しかし昼食時に保育者が子どもたちをベビーチェアに座らせ，互いに顔が見えるよう席に着かせると，状況は一変した。だれかがスプーンでとんとんとお皿をたたき出すと，他の子どももそれにあわせてたたき，スプーンがない子どもは手のひらでたたき，笑い顔の大騒ぎになった。昼食時にはほかにも，唇をぶーっと振るわせる，頭を横に振る，手を横でぶらぶら振るなどを1人が始めると，他の子どもが同じことをいっせいにするルーティンがあった。

子どもたちが歩けるようになるとめだってきたのはお昼寝前のかくれんぼルーティンだった。はじめは窓際のカーテンを使って，いないいないばあをしていたのが，そのうちカーテンの陰に何人も隠れて，それを鬼が外からぎゅっとつかまえる，動きの大きいルーティンに発展していった。お昼寝前になると決まってだれかがカーテンに隠れ始め，他の子どもも続々と隠れていく。そのたび，きゃあきゃあ笑い顔の大騒ぎになった。それが毎日同じ時間帯にくり返された。

②「〜の人」「はーい」ルーティン

クラスBで2年間をとおしてくり返し見られたのが，前述の事例「『〜ちゃ

んち行ったことある人」』」でも取り上げた，1人が「〜したことある人」などと聞くと，まわりの子どもたちが「はーい」と声をあげ，手をあげるというルーティンだった。とくに弁当時間にいっしょのテーブルについた子どもたちの間で頻繁にみられた（倉持・柴坂，1997；柴坂・倉持，1998）。お弁当の中身（「〜入っている人」）のほか，「〜行ったことある人」「〜見たことある人」「〜できる人」「〜持っている人」「〜ちゃんち行ったことがある人」などがよくあがっていた。前述の事例にみられるように，子どもたちは自分が手をあげられる内容を探して発言しており，このやりとりに参加できることを楽しんでいたようだった。年少時にはこのルーティンが40回近く延々と続いた事例もあった。

③接近－回避ルーティン

　接近－回避ルーティンとは，何かを怖いものに見たててわざと近づき，そこから逃げることを楽しむルーティンである。次の事例はクラスBで見られた接近－回避ルーティンである。

> **事例　ざりがにと亀をめぐって（クラスB・年少時5月）**
>
> 　玄関前にざりがにと亀の入ったたらいが2つ置いてあり，子どもたちがのぞいている。なおとが「ざりがにだぞー」とざりがにを出すと，みんな「きゃー」といって逃げる。しおりは立ち止まり，口を押さえて「ざりがに，やだ」ときゃあきゃあ言い，遠くまで走っていき，またもどってくる。たいちが「怖い，怖い」と逃げてくる。しおりは離れたところからたらいを見るが，たらいのそばには保育者しかいない。
> 　たいちたちがもどってくると，しおりもいっしょになってたらいのところへ行く。保育者が亀にご飯をあげ，「ぱくっと食べるよ」と説明するのを，みんな真剣に見ている。なおとがざりがにをつかんで「ざりがにだー」と見せると，てるが「きゃー」と逃げ出し，他の子どもたちも逃げる。しおりがもどってくると，なおとが「ざりがに」と差し出し，しおりは「いやー」と逃げる。しおりはしばらくようすを見てから，ゆっくりとからだをいじりながらたらいに近づき，急に走ってたらいのところへ行く。
> 　もどってきた子どもたちに他の子どもも加わり，大勢でたらいを見ている。てるが亀を「俺が持つ」と取り出すと，しおりだけが「わあ」と逃げ，すぐにもどってくる。今度はたいちが亀を持ち上げ，てるが逃げると「わあ」としおりも逃げる。

　接近－回避ルーティンは，子どもたちが共通にもつ怖いという感覚を共有す

る体験，また怖いものは回避できることを確認し合う体験として，仲間文化に位置づけられるという（Corsaro, 1985）。しおりは入園当初怖がり屋だったが，この事例では他の子ども，とくに男児の中心のてるもいっしょに逃げている。しおりは怖いという感覚を，ふだんはそれを見せない他の子どもも実は共有していると確認し，怖いという感覚をあそびにして楽しむ体験をしていると思われる。

④「おそうじマン」ルーティン

　コルサロ（Corsaro, 1985）は3歳児クラスで次のようなルーティンを報告している。朝，塀際のジャングルジムにのぼっていた3人の子どもが「あの人だ！　あの人だ！」と叫び始めた。砂場にいた子どもたちもシャベルなどを捨て，ジャングルジムに集まってくる。そして声をあわせて「おそうじマン！おそうじマン！」と叫ぶ。町の清掃車が来て，清掃係の人（おそうじマン）がゴミバケツを昇降台に乗せ，「準備OK！」ともう1人の係に声をかける。ウィーンという音をたててバケツが上がっていく。子どもたちが「ウィーン，ウィーン」と音を真似する。このときまでには園庭にいた子どもたちのほとんどがジャングルジムに集まっていた。バケツが一番上に着くと，子どもたちの興奮は最高潮となり，「ウィーン」という声が斉唱のようにそろい，子どもたちは係の人に手を振った。係の人も子どもたちに手を振った。バケツが素早く降ろされ，バンと大きな音をたてると，係の人は清掃車にとび乗る。子どもたちは「おそうじマン！」と叫んで手を振り続ける。清掃車の運転手が警笛を少し鳴らして子どもたちにあいさつし，次の場所に移動していった。車が見えなくなると子どもたちはさっと潮が引くようにジャングルジムからいなくなり，もとのあそびにもどっていった。

　このルーティンは，コルサロが気づいてから数えた限りでも，110日間毎日続いたという。また，次の年，まったく人が入れ替わった3歳児クラスでもまったく同じルーティンが行なわれていたという。コルサロの観察していた園では3歳児は午前のみ，4歳児は午後のみのクラスだったため，清掃車の来る朝には4歳児はいなかった。つまり，4歳児のすることを見て3歳児がこのルーティンをつくり上げたわけではなかった。「おそうじマン」ルーティンは午前クラスに通う3歳児たちが，毎年，自分たちだけでつくり上げる園特有のルーティ

ンだったと思われる。

(3) 記憶

子どもたちは入園した後，多くのできごとを共有していく。そのなかでも大きな事件やお祭りなどの行事は，多くの子どもたちの記憶にはっきり残り，共有された記憶や思い出となっているようである。小さなきっかけで記憶がもどって，そのときの話になったり，当時の活動を始めたりすることもあるようだ。

> **事例　よみがえった発表会（クラスC・年少時2月）**
>
> 　日曜日に生活発表会があり，合奏などで盛り上がった。代休のあと，今日火曜日は子どもたちはみんな部屋でお絵かきなどをしている。ひびき，じょうのあそびにえりが何度も入りたそうにする。えりがテープレコーダーを持ってきて，生活発表会で踊りと演奏をした曲をかける。突然一昨日の生活発表会がよみがえったようすで，部屋中騒然となる。えりは変な顔をしてふざける。えりがテープレコーダーを持って歩くと，そのあとに他の子どもたちが行列を作って踊って歩く。じょうは演奏に使った楽器を探してくる。

> **事例　運動会の太鼓をもう一度（クラスC・年長時10月）**
>
> 　お集まりの時間──近づいた開園記念行事のためにホールに準備された飾りつけを見ながら，保育者が「何をしようか」と催しものの相談をする。「太鼓！」と言う声があがり，「太鼓！　どんどん！」と，先日の運動会で行なった太鼓の動きと踊りを子どもたちはその場で始める。

(4) 知識

①園において共有される知識

園生活のスケジュールなどは大人の側がコントロールしていることがらであり，入園当初は子どもたちはもちろん園生活についてよくわかっていない。子どもたちが保育者に「はさみはどこ？」「ボールはどこにしまうの？」とものの場所を聞いたり，「次は何するの？」とスケジュールを聞いたりする。クラスBでは子どもが「のど乾いたからお茶飲みたい」と言い，保育者が「お茶はないの。お水を飲んでね」と答えたこともあった。

しばらくたてば，保育者に「これしまってきてね」とシャベルを渡されても，子どもは「どこ？」と聞くこともなく，当然のようにしまいにいく。クラスBでは，けんかで泣いてしまった子どもを他の子どもが慰めて，「あとでお歌を歌うとき（お集まりのこと），いっしょにぶっちゃおう」と言ったこともあった。

もののありかや，園のスケジュールなどを把握するには時間がいるものの，いったん理解さえすれば，それは子どもたちにとって共有された知識となるのである。

② 「子ども」として共有されている知識

子ども向けとされているテレビ番組・ビデオ・おもちゃ・絵本など，あるいは子どもの注意を引くようなCMなど，それぞれの子どもが家庭で得てきた知識が園で披露され，子どもたちが共有した知識をもっていることがわかることがある。その知識をもとに園での活動がつくられ，さらに独自の味つけをされることもある。

たとえば，クラスBではシンデレラのビデオを多くの子どもが家で見ていた。女児たちが生活発表会でシンデレラの劇をすることになったとき，どのような登場人物がいるか，シンデレラがどのようなせりふを言うかなどについて，最初からビデオに基づいた共通の理解があり，それをもとに劇が作られていった。

次の事例では，1人がCMのキャラクターの姿を真似たことをきっかけとして，CMソングを歌う活動が始まっている。

> **事例　みんな知ってるCMソング（クラスE・年長時4月）**
>
> テーブルにとしきとやまとが座っている。じろうは少し離れて座っている。3人はプレゼント用の絵をサインペンで描く。じろうが突然サインペンを2本耳のように頭の上に立て，「○○うさぎ」とふざけて笑う。語学スクールのテレビCMのキャラクターである。としきが喜んで同じ格好をしてから，CMソングを歌い始める。やまと，じろうも歌う。としきはどんどん早く歌う。これもCMの通りである。やまと，じろうも負けじと早く歌う。

(5) ルール

子どもたちはいろいろなきまりごとやルールを共有している。ルールには大人の側から与えられた部分も，子どもたちがつくり上げてきた部分もある。どちらにせよいったん子どもたちに共有されたルールは当然視される。

クラスDでは，子どもたちが年長に進級したときに他園から転任してきた保育者が担任となった。次の事例では，保育者が出してきたルール「積み木をガムテープで留めてはいけない」が，子どもたちに共有されているこの園でのルール「積み木をガムテープで留めてよい（積み木を高く積んだときは危険防

止のため留めることがむしろ奨励されていた）」とずれているため，子どもたちは納得できないようすである。

> **事例　ルールのズレ（クラスD・年長時4月）**
> りんたろうたちが廊下に大型積み木を積んで基地を作っている。りんたろうは基地にドアを作りたいらしい。ダンボールをガムテープで積み木に留めようとしたが，保育者に積み木がべたべたになるので他の考えを出すよう言われる。りんたろうは「前の年長さんはガムテープで留めてた」と不満そうに言う。それからりんたろうはダンボールを横にずらして動かし，自動ドアにするという考えを出す。「少しはガムテープで留めて…」とひとりごとを言う。部屋からビニールテープを持ってきてダンボールを積み木に留める。他の子どもたちも次つぎテープを持ってくる。

（6）大人の定めたルールへの抵抗

　園生活で大人側の定めるルールは，すべてが子どもたちに受け入れられていくわけではない。子どもたちは協同して大人のルールに抵抗することがある。コルサロ（Corsaro, 1985）はゴッフマン（Goffman, 1961）にならい，こうした抵抗を「園ルールに対する二次的適応」「園の裏面生活」とよんでいる。

　コルサロは一例として遊んだ後のかたづけをあげ，子どもたちが「どうせまた遊ぶのになぜかたづけるのか」と，かたづけを無意味に思っていること，それゆえになんとか避けようとすることを示唆した。「かたづけないよう保育者に頼む」のはうまくいかないとわかると，子どもたちは「遊んでいたのとは別の場所に移動する」「腹痛などおかたづけできない個人的理由をあげる」「おかたづけの声が聞こえなかったふりをする」などの方略を駆使して，かたづけを避けようとした。

　かたづけについては，クラスBでも次のような事例があった。ある日のかたづけ時，子どもたちがあそび半分に掃除をしているのを見て，保育者が「ほうき持っているだけじゃ掃除にならないよ」と子どもたちに声をかけると，きよとという男児はほうきをしまってしまったのである。かたづけ以外の例としては次のような事例があった。一時ゲームの画面を絵に描くあそびがはやり，数人の男児がそれしかしなかったので，保育者が「今日は画面描きは禁止」と禁じたことがあった。それを聞いたきよととようたは2人で別の部屋に行き，密かに画面描きをしていたのだった。

3──園生活における仲間文化の意味

 他の子どもたちと価値や関心・記憶や思い出・知識・活動などを共有することは，子どもたちにとって園生活でどのような意味をもつのだろうか。

(1) 共有を前提にしたコミュニケーション

 子どもたちがいったん仲間文化を共有すると，子どもたちのコミュニケーションはそれを前提に進んでいくようである。たとえば，前述の事例「みんな知ってるCMソング」で，1人がうさぎの格好をすると，それを見るだけでその意味するもの（語学スクールのCM）を他の子どもたちは理解し，関連するCMソングを歌っている。ことさら「CMソングはこれだね」と確認されることはなかったのである。

 仲間文化の共有を前提にしてコミュニケーションが進むことは，共有していない者がいたときに最もあらわになる。次の事例では子どもたちどうしの間では説明されることなく実行される「花瓶がでたらお弁当を出す」ことが，不慣れとみなされた観察者に対して説明されている。

> **事例　お花がでたらお弁当を出す（クラスD・年長時9月）**
>
> お弁当時──お弁当のグループごとにテーブルについている。観察者はりんたろうたちのグループに入れてもらうことになる。当番のふうがテーブルに花瓶を置くと，りんたろうは観察者に「お花がでたらもう出してもいいって意味」と説明してお弁当を机の上に出すようにうながす。

(2) 仲間文化に基づいた方略

 知識や価値・関心などが子どもたちの間で共有されていると，それに基づいた方略が生まれる可能性がでてくる。

 前述したように，家の行き来は子どもたちにとって大きな関心事であると思われる。次の事例はそれを逆手にとって，「そんなことするならもう行かない」と威嚇して，自分の要求を受け入れさせようとしている事例である（倉持・柴坂，1998）。事例のひろやとおさむは園でも降園後もよくいっしょに遊んでいた。

> **事例　「もうおさむくんち行かない」（クラスB・年少時5月）**
>
> おさむ・はると・ごろうが遊んでいるところに，「はるとくん仲間に入れて」とひろやがやってくる。はるとにだめと断られる。おさむからも「3人しかだ

> め」と言われ，ひろやはしばらく見ている。そして「おさむくんち行かない。もうずーっと行かない」と怒ったように言う。おさむが「いいよ」と答えると，ひろやは「しょうんち行く」と宣言する。

4──子どもたちの個人史のなかの仲間文化の意味

　個々の子どもは家庭で生活体験を積み重ね，独自の個人史をもって園に入園してくる。卒園までの間，個々の子どもは園を家庭以外のもう１つの生活の場として，さらなる個人史を刻んでいくことになる。一人ひとりの子どもの個人史をとらえたとき，仲間文化が子どもの変容を支える大きな役割を果たすことがある。

　クラスBのしおりはそうした例である（柴坂・倉持，2003）。入園当初，しおりは他の子どもたちからあからさまに赤ちゃん扱いされた。赤ちゃんや小さい子として扱われることは，子どもたちの間では評価の低いことであり（第２項の事例「小さいからだめ」），しおり自身もあからさまに赤ちゃん扱いされるのはいやがっていた（第２項の事例「赤ちゃんはいや」）。

　入園当初しおりが赤ちゃん扱いされた原因の１つは，しおりがものをとられるなど，少しトラブルがあるとすぐに泣いたことが考えられる（事例「すぐ泣く」）。すぐ泣くことは赤ちゃんの特性として子どもたちに語られていたからである。

　年少の後半になると，事例「もう泣かない」のように，しおりはものをとられそうになった程度のトラブルでは泣かなくなった。「すぐ泣く子は赤ちゃん扱いされ軽んじられる」という自分も共有する価値観が，しおりが，泣かないでさまざまな状況に対処するように変容していくのを支えていたのではないかと考えられる。

> **事例　すぐ泣く（クラスB・年少時４月）**
> 　保育者を中心にしおりたちが積み木の家ごっこ──しおりがバナナを食べる真似をしたら，けんがバナナをとってしまい，しおりは泣く。

> **事例　もう泣かない（クラスB・年少時１月）**
> 　テーブルでしおりが本を読んでいる。きよとがやってきて，本をつかみ，持っ

> ていこうとする。しおりは本を離さない。きよとは「見たいんだ」と言いながら、引っぱって持っていこうとする。しおりは「見てたの、私」と言って引っぱり返す。きよとが手を離す。

5──仲間文化の共有過程

　仲間文化は子どもたちのやりとりのなかでつくられていくものであり、やりとりをくり返すなかで時には変化していくこともある。

　クラスBの女児の間では、入園当初お母さん役が重んじられていたことは前述した。ところがとこはお母さん役へのこだわりがはじめからなく、他の子どもにとって周辺的な役割である猫を好んでとった。とこが猫を演じるようすは表情豊かであり、猫を演じる活動は他の子どもにも魅力的にうつったようだ。他の子どもたちがとこといっしょに猫ごっこをしたり、ままごとでそれまでお母さん役やお姉さん役にこだわっていた女児たちが、みずから猫役をとるようになった。

　とこはお母さん役を重んじるという仲間文化での価値を変えたばかりではなかった。とこの演じる猫は自由にふるまう猫であり、こうしたイメージもまた女児たちに広がっていったのである。それが最も顕著に現われたのがゆりあであった。次の2つの事例を比較すると、ゆりあの猫の演じ方は大きく変わっている。1つめの事例では従順で可愛がられる猫を演じているが、とこといっしょの次の事例ではからかいに対して戦う猫を演じている。

> **事例　従順でかわいがられる猫（クラスB・年長時4月）**
>
> 　コーナーでゆり（お母さん）、ゆりあ（猫）、みか（お姉さん）、けん（お父さん）がままごとをしている。「みいちゃん」とみかが呼ぶとゆりあはかわいらしくうなずく。みかは頭をなでる。ゆりたちが役の名前を決めているとき、ゆりあは端でおとなしくしている。みかは「みいちゃん」と呼び、なでる。みかは「お水ほしい？」「おなか空いた？」と聞くが、ゆりあは「ううん」と首を横に振る。みかが「お手」「お回り」というとゆりあはお手をし、お回りをして「ニャア」と鳴く。みかが「いい子」と頭をなでる。ゆりがみかに「甘やかしちゃだめよ」と注意するが、みかは「甘やかしたいんだもん」と答える。けんがゆりあの背中をなでる。ゆりあは四つんばいで鳴きながら移動し、ソ

> ファーの上で寝る。ゆりは「にゃんにゃん」と呼んでなでる。けんが仕事に出かけることになる。ゆりあは「お父さん，行ってらっしゃいニャン」とお座りして手を振る。

> **事例　からかいに対して戦う猫（クラスB・年長時7月）**
>
> 　コーナーでゆりたちがままごと──とことゆりあが四つんばいで猫を演じている。とこがゆりあに「綱渡りの練習するぞ」と誘う。りなが「危ないじゃないの」と叱る。とこは「この綱なら大丈夫」と答える。ようた，しょうがとこたちにちょっかいをかける。ゆりあが「いじめるな」と反撃し，とこは「ニャンニャン！」と攻撃的に鳴く。りなはとこたちに「噛みつけ！」とけしかける。2人の鳴き声がさらに攻撃的になる。えりこが「ようたくんがとこちゃんぶった」といいつける。ゆりたちは「ようた，謝んなさいよ」と怒る。しょうはまた「化け猫，化け猫」とはやす。みかたちは「噛みつき猫，行け！」とうれしがってとこたちを応援する。ゆりあはコーナーに逃げてくるが，みかの応援を受け，「ニャン！」としょうにとびつく。

　自由にふるまう猫のイメージは，とこを通じてゆりあにも呼び起こされ，共有されていったように思われる。年少のころからゆりあは仕切りたがり屋のゆりとの関係が少し重荷になっているようすがあった。しかし自由な猫を演じるようになってからゆりとの関係も変化し，ゆりの仕切りに従わないことがふえた。つまりとこは「自由にふるまう」ことを猫の演技をとおして伝え，それがクラスBの女児たちに共有されていったように思われるのである（柴坂・倉持，1999）。

　子どもたちは自分たちの出会う現実世界について対話を交わす。その対話は言葉だけでなく，あそびのような活動を通した対話なのである。子どもは他の子どものなかに自分と同じ考えや思いを見いだして共感し，確信したり力づけられたりする。一方では，他の子どものなかに別の解決や現実の違ったとらえ方を見いだし，自分のものにしていくこともある。

　このように，子どもたちは対話をとおして，集団内で互いに共有する仲間文化をつくりだし，時には仲間文化を新たな内容につくりかえるのである。

［付記］
　クラスB〜Eの縦断観察は倉持清美との共同研究である。

2節　仲間関係の形成

1——園での生活のはじまりと仲間関係

　4月，多くの子どもたちが保育所や幼稚園での新しい生活を始める。入園したての子どもたちは，家庭を離れ，初めての知らない場所で，知らない人と過ごさなければならない。すでに園生活に慣れている子どもたちのなかにも，クラスがかわり，担任もかわり，新しい生活が始まる子どもたちがいる。多くの子どもたちにとって期待と緊張に満ちた日々である。そして，担任にとっても新しい子どもたちとの期待と緊張と，多忙の日々が始まる。

　園における子どもを取り巻く人間関係をおおまかにみてみよう。子どもたちの関係は，まずは保育者との1対1の関係から始まる。保育者は，園におけるそれぞれの子どもたちの母親としてふるまうことを求められることが多い。保育者を園における養護者となぞらえ，愛着理論をあてはめると，次のように考えられる。保育者を安全基地として子どもたちが安心して園生活を送るようになると，子どもたちにもいわゆる探索活動が行なわれるようになる。そこで，2～3人の子どもと遊ぶようになり，しだいに限られたなかよしの子どもと遊ぶようになってくる。年長になると，それを核としながらさらに大きな集団でも遊べるようになってくるし，またあそびの内容もかわってくる。

　これはもちろん，3歳になったから，4歳になったからというように，たんに年齢に応じて行なわれるようになるわけではなく，個人差や保育環境，保育の目的などに応じても多少異なると考えられる。しかしながら，多くの園では子どもたちのあそびの発達や人間関係の発達に，前述のような発達を予測し，これに基づき教育課程を作成し，保育が行なわれているといってよいであろう。ある意味では保育の出発点は人間関係であり，それゆえに保育者はそこに心を砕くのである。

　しかしながら，保育において子どもの仲間関係，人間関係が重視される理由はほかにもある。具体的なねらいや配慮事項に関しては，幼稚園教育要領や保育所保育指針に示してあることが基本であるが，家庭を離れ，ほぼ同年齢の集団で生活をする意味はどこにあるのであろうか。前節にも詳しいが，ここでも

少し取り上げることとしたい。

2 ── 仲間関係の重要性

　夫婦で共働きをする家庭が多くなり，同時に核家族化が進むにつれて，子どもたちは家庭ではなく，保育所や幼稚園などで，集団で，しかも年齢の似通った子どもとともに養育されることが多くなってきている。0歳から保育所に入り，もし，大学を卒業するまで学校に通うとすると，一生のうちの20数年（おそらく一生の3分の1～4分の1）を，教師（保育者）と，それに自分とほぼ同年齢の他人（同輩）と過ごし続けることになるだろう。一生を通じて，人間は1人では生きてはいけないことは明白であるが，教師と同輩たちと過ごし続けねばならない，いわゆる学校化された社会のなかで生きていくのは，これまでの歴史上そうなかったことであろう。それだけに，この同輩関係のなかでいかに生きるかは軽視できない問題である。もちろん，同輩以外との関係はその分希薄化してきているのであるが，ここでは同輩関係，仲間関係に焦点を絞って話を進めたい。

　仲間関係の意義については，以下のようにいわれている。すなわち，大人と子どもの関係とは違ったところで，子どもの社会的発達に寄与するところがあるという。大人が相手の場合とは異なり，仲間が相手の場合，力においても諸々の発達においてもほぼ同等であるから，けんかができるし，仲直りもできるし，またそのなかで力関係や交渉や妥協のしかた，あるいは，悔しさやうれしさ等々を味わう経験ができる。斉藤（1986）は，あそびやけんかを中心として，幼児期の相互交渉が，子どもたちの他者理解や共感，社会的カテゴリーの理解，社会的規則の理解，コミュニケーション能力，自己統制能力といった社会的能力の発達をうながすと述べている。

　前述のような例を中心に，発達心理学の研究ではおもに，幼児の社会的発達や能力への寄与という面から仲間関係の意義について研究がなされてきた。しかしながら，能力の発達に寄与するか否かにかかわらず，仲間と関係がうまく結べないと生きにくい世の中であることも否定はできない。このことを，対人関係という点から，滝川（滝川・佐藤，2003）が述べているので，少し長くなるが，紹介したい。これは，高機能自閉症やアスペルガー症候群といった社会

生活に困難をともなう子どもたちが現代社会でめだってきている背景についての叙述である。

>…（前略）…ある時代までは，技能さえそれなりにあれば居場所があったという面があるでしょう。たとえば変わり者の偏屈な職人さんとか，無愛想で黙々と働く百姓さんとか，そんなかたちで。
>いまは，そういう職種が減りました。ほんとうは職種の多寡というより，第三次産業つまり消費産業を基幹とする社会構造になり，対人能力，社会的な適応能力が大きく問われる世の中になったということでしょう。第三次産業とは，「人」を対象とする産業だからです。
>「個人化」の進行も，現代社会での人間同士の関係意識を複雑かつ繊細なものにしてきました。ですから，この面に未熟で拙劣ですと，ほかでは能力があっても，とても生きにくくなるのですね。そのため，「障害」としてあぶりだされて，目立つようになってきたのかもしれません。
>
>（滝川・佐藤，2003）

滝川は，障害をもった子どもについて述べているのだが，たとえ障害としてあぶり出されなくとも，対人関係が苦手（とくに園や学校でいうなら，関係をもつ相手はほとんどが同輩なのだから，仲間関係が苦手であるといってもよいであろう）であり続けると，学校のなかのみならず，学校を卒業してからも生きにくいままの，現代社会の産業構造がみえてくる。

以下ではこれからの長い学校社会の入り口ともいえる幼児期の仲間関係を中心に述べていくことにする。まだこの世に生を受けて3～5年の幼児が，人間社会でいかに生きていこうとしているかを，仲間とのあそび，関係のもち方に垣間見ることができる。ここで一言断っておきたいが，仲間に入って遊ぶことが何をおいても重要な目的であるとは筆者は考えてはいない。仲間にふりまわされずに，やりたいことをじっくりやることと，それを保証してあげることも幼児期にたいせつなことだと考えている。1つのことを得れば，実は何かを失っているかもしれないし，1つのことも見方を変えれば光にも陰にもなり得る。つまりは解釈のしかたしだいだ。ゆえに，仲間関係の形成というと，何かしら得るものばかり（実際，これまでの発達心理学の知見では，得られる能力についてしか述べられてはいない）だと思われてきた。実は，仲間にふりまわされ，その枠のなかでしか何かをなし得ないという経験も子どもはしている。それが望ましいことなのかそうでないことなのかは，子どもの一生にいつどのように役立つかわからないことであり，その判断はただちにはできないものでもある。

第**2**章　仲間との出会い

本節では従来の研究と同じく，仲間関係だけを便宜上切り取ったところに焦点をあて，単純化させて話を進めていくが，仲間関係を形成する一方で失われるものがあるとすればそれは何かを考えながら読み進めてもらえれば幸いである。

3──仲間入り

ここで，再び視点を保育所や幼稚園における幼児にもどしてみよう。

幼児の仲間関係といった場合，いっしょに遊ぶ相手がイコール友だちであり，仲間であり，青年期以降のような「友情に支えられた恒久的な関係」（無藤，1992）とはいえない。しかしながら，いっしょに遊ぶことを「繰り返し，同じ子と遊ぶ中でその記憶を共有し，関係の歴史を作り上げていく中で，友情の関係の基盤が形成されていく」（無藤，1992）のである。

それでは子どもたちはいったいどのようにしていっしょに遊ぶようになるのであろうか。

倉持と無藤（1991）は，3歳児のあそび場面を観察し，仲間入りをする際には，「入れて」というときに仲間入りの成功率が最も高いことを明らかにした。アメリカの研究によると，仲間に入る際に比較的成功しやすいのは，まわりをうろついてから，その集団を真似たり，そのあそびにふさわしい言葉を発したり，あるいは入れてほしい旨を述べたりする場合であり，ただうろつくだけであったり，いきなり見当はずれの行動にでると失敗することが多いことが明らかにされている。つまり，拒否されるリスクの低い行動をとり，徐々にリスクの高い行動に移った場合に，仲間入りの成功率が高くなるというのである。拒否されるリスクの低い行動のままであったり，いきなり拒否される行動をとることは，仲間入りの失敗に終わるようである。

日本とアメリカの研究結果の違いを，無藤（1992）は，日本においては「入れて」という特有のリズムと音調をもった儀式的な言葉の表現が仲間入りの成功率を高め（この表現が仲間入りの許可を得られることを前提にしたものだからだろうとの考察とともに），幼稚園にともにいる子どもどうしはいっしょになかよく遊ばなければならないという暗黙裡の園文化があるから成功しやすいのであろうと解釈している。すなわち，日本においては，友だちと遊び始める術（一種の儀式）を保育者が教えるか，あるいは園の文化として受け継いでい

ることが，仲間入りを容易にさせているようである。

　ところで，4歳児と5歳児のあそびの開始のしかたを観察した研究（原野，1994，1995）によると，仲間入り自体は年齢に応じてふえるものの，「入れて」と言って仲間入りをすること自体はやや減少している（表2－1）。まずはこの研究を紹介しよう。

　この研究では，ある地方都市の公立幼稚園の4歳児クラス（男児13人，女児18人）の自由あそび時間における子どものあそび場面で，子どもの登園から遊び始め，そして，あそびが安定するまで，あるいは，1人でいるときから他の子どもと遊び始め，そのあそびが安定するまでをビデオ録画した。次の年の同じ時期に，同様の状況をビデオ録画した（それぞれ秋に3か月，週1～2回行なった）。4歳のときには45事例，5歳のときには50事例が集まり，これをもとにあそびの開始方略の分析を行なった。内容をまとめたものが表2－1である。

　表2－1のとおり，子どもの行動をビデオ分析し，「仲間入り」「主体的開始」「受動的開始」に分類した。「仲間入り」とは，複数の仲間が遊んでいるところに入って遊ぶこととし，相手にはたらきかけてあそびを開始することを「主体的開始」，相手からはたらきかけられてあそびを開始することを「受動的開始」とした。仲間入りのしかたも，「質問」「『入れて』と言う」「さきに遊んでいる子どもたちのあそびの真似をする（以下，真似をする）」「会話やあそびの流れにそった発話や行動」「無言のまま参加」「参加表明をした他の子どものあとから何も言わず参加する（以下，二次的参加）」「他の子どもがじゃまをしたことから救う（以下，援助）」というような方略があった。

　ビデオの分析の結果，4歳児よりも5歳児のほうが仲間入りをする割合が高かった。ただし，「入れて」という方略は，仲間入りの方略として使用される頻度が突出していることはなく，また，5歳児のほうが4歳児より使用がやや少ないようであった。この研究では3歳児を観察していないし，また，観察した園が異なるので，倉持と無藤（1991）の研究と単純な比較はできないが，あえて単純化して推測をするなら，最初は儀式が必要でも，仲間関係が形成されるにつれ，儀式を要せずともあそびを開始できるようになるとも考えられる。というのも，無言のままにあそびに参加したり，二次的に参加しても拒絶され

第2章 仲間との出会い

表2-1 あそびの開始方略

仲間入り	4歳	5歳	主体的開始	4歳	5歳	受動的開始	4歳	5歳
質問する	5.4	4.4	質問する	0.0	4.4	質問される	0.0	4.4
「入れて」という	8.1	6.7	接近・身体的接触	16.2	8.9	勧誘される	29.7	4.4
真似する	8.1	2.2	真似をされる	2.7	0.0	人が集まってくる	2.7	0.0
会話・あそびの流れにそった発話・行動	8.1	11.1	勧誘する	18.9	4.4	接近・身体的接触される	0.0	8.9
無言のまま	0.0	13.3	あそびの表明	0.0	6.7	あそびの表明をされる	0.0	2.2
二次的参加	0.0	11.1	仲間意識の表明	0.0	2.2	仲間意識の表明をされる	0.0	2.2
援助	0.0	2.2						
計	29.7	51.1	計	37.8	26.7	計	32.4	22.2

注）表中の数字は各年齢ごとの方略数に占める当該方略の割合（％）である。

ずに仲間入りに成功することが増加するからである。もし，子どもたちが儀式にこだわるならば，無言のままの参加や二次的な参加を試みても，「入れて」といわなければ入れてもらえないはずであろう。ただし，この「入れて」という方略の使用は，厳密には言えないが，保育者が「入れて」というルールにこだわる保育者もいるので，一概に年齢や仲間関係の程度によって結論づけることはできないかもしれない。

ところで，さきに紹介した2年間の研究では，あそびの開始の方略だけではなく，あそびに入れなかった場合についても検討しているのでここで紹介したい。

仲間とのあそびの開始に失敗し，仲間と遊べなかったのは，2年間の観察を通じ，4歳の時点で8事例（45事例のうちの17.8％），5歳の時点で7事例（50事例のうちの14％）であった。

失敗した方略の内訳は表2-2のとおりである。この表をみると，失敗方略としては，うろうろすることが最も多い。ちなみに，表2-2の「二次的失敗」というのは，他の子どもが「入れて」といって拒否されたのを横で聞いて，みずから参加をあきらめた例である。ここから推測できるように，失敗といって

2節　仲間関係の形成

も，明らかに拒否されたことによる失敗と，明らかに拒否はされていないにもかかわらず参加をあきらめることで失敗とみなされる例がある。「うろうろする」「接近する」も同様に，明らかな拒否がないにもかかわらず，参加の試みをやめた結果で

表2-2　仲間入り・あそびの開始失敗方略

失敗方略	4歳	5歳
うろうろする	62.5	57.1
接近する	12.5	0.0
あそびの流れをとめる	25.0	14.3
「入れて」を拒否される	0.0	14.3
二次的失敗	0.0	14.3

注) 表中の数字は各年齢ごとの方略数に占める当該方略の割合(%)である。

ある。これらは，さきに紹介したアメリカの研究の「失敗するリスクの低い」方略のままで，リスクの高い方略に移らないままの例である。しかしながら，表2-1をみるとわかるように，仲間入りの成功方略のなかには「無言のまま」「真似する」および「二次的参加」といったリスクの低い方略もある。このことをどう解釈したらよいのだろうか。

　実は，ここには関連がある。方略を用いた幼児をみてみると，4歳児の開始の失敗にはかなり個人差がみられたのである。方略ごとにみると，「あそびの流れをとめる」方略は男児1人によるものであり，「うろうろする」「接近する」は男児1人と女児2人，計3人の幼児によるものである。この3人は，実は表2-1では，「真似する」ことで成功している場合もあった。しかしながら，この場合は真似をした相手が，だれとも遊んでいないときにのみあそびを始め，いっしょに遊んでいたのだ。つまり，うろうろしたり，接近したりして，相手が自分と遊べる相手かどうかを確かめているとも考えられるのだ。

　次に5歳の時点での個人差をみてみると，うろうろしてあそびが開始されなかった幼児は4人いたのだが，この子どもたちは，成功した場合（表2-1）では，「二次的参加」か「あそびの表明をされる」ことによりあそびを開始することができていた。つまりタイミングがあえば仲間と遊ぶのだが，自分からはタイミングをつくろうとせず（できず），うろうろしていると考えられる。

　このように，この研究でのあそびの開始や仲間入りの失敗は，拒否されるリスクの低い方略のままでいることが大半であった。いきなりリスクの高い行動にでて拒否されることが少なかったのである。このことは，無藤（1992）が以下のように述べていることから考察を深めることができるのではないだろうか。

41

すなわち，「幼稚園にともにいる子どもどうしはいっしょになかよく遊ばなければならないという原則があるのではなかろうか。事実，このことは，幼稚園教師により，時には子どもたち自身により，明確に言語的に語られることなのである」。筆者も以前，幼稚園で幼児にソシオメトリックテストを行ない，「いっしょに遊びたい友だち」と「あまりいっしょに遊びたくない友だち」について幼児に尋ねたことがあるが，「みんなお友だちだから，いっしょに遊びたい友だちはみんな」で「みんなお友だちだから，いっしょに遊びたくない友だちはいない」と言われたことがある。

多少話はかわるが，幼稚園で読まれる絵本では，友だちとなかよくすることをテーマとしたものが少なくない。とくに，幼稚園で読まれたり劇として上演される昔話のなかにその傾向が顕著である。すなわち，昔話の結末が，教育現場で語られるための配慮なのか，民話の世界で語られるものとは異なるものが少なくないのである。もちろん，かつては口頭伝承であったという昔話の性質上，話はかわって当然なのであるが，教育現場で話を用いる場合には話がハッピーエンドになっていることが多いのだ。たとえば，『さるかに合戦』の話は，さるをみんなでこらしめるという話が，さるが謝ったからみんなでなかよくなりました，という話になっていたり，『三匹の子ぶた』の話も，おおかみと子ぶたが最終的にはなかよしになる話になっている。これは，残酷性を排除するためであるという意向もあるようだが，一方で，みんながなかよくなることが最も望ましいことなのだということが教えられていくのである。

ささいな例かもしれないが，みんななかよく遊ぶことが幼稚園で大事にされていることがここでも垣間見えるのではないだろうか。話はもどるが，このような環境にいる幼児たちは，仲間に入ろうとリスクの高い行動をとる相手に，はっきりと拒否はできない（してはいけないことを知っている）のだと考えられはしないだろうか。

それでは，仲間となかよくすることが重視されると（考えられる）園生活において，仲間に入れない子どもはどうすればよいのだろうか。そのことを考える前に，仲間に入れなかった子どもの特性についての研究を紹介したいと思う。

4 ── 仲間に入れない子ども

　前述で示したとおり，仲間に入って遊べない子どもの多くは，拒否されるリスクの低い行動しかとれない子どもたちであった。それではなぜ，拒否されるリスクの低い行動しかとれないのであろうか。このことについて，仲間入りの場面を実験室に設定した研究（原野，1992）を紹介したい。

　この研究では，担任の保育者に評定してもらった結果から，5歳児で，仲間に入って友だちと遊ぶのが苦手な引っ込み思案傾向の高い幼児と，社交性が高い幼児を抽出し，その子どもたちが，さきに遊んでいる2人の子どものあそびにどのようにして入っていくかを観察したものである。仲間入りに際し，まず，仲間に入っていく幼児に，相手が自分とどれくらい遊びたいと思っているかを推測させた。その結果，引っ込み思案傾向が高いとされた幼児は，そうでない幼児より，相手が自分と遊びたいと思うことが少なかったのである。

　また別の研究で，仲間入り状況を描いた紙芝居を用いて，仲間に入って友だちと遊ぶのが苦手な引っ込み思案傾向の高い幼児が，相手の意図の解釈が正確にできるか否かを検討した（原野，1993a）。予想に反して，ここでは意図の解釈は正確であった。

　紙芝居という現実と離れた状況では，仲間入りに際しての意図解釈は正確であっても，実験室では正確といえないのはなぜだろうか。このことを検討するために，次に，紙芝居よりは現実に近いと思われるビデオを見せながら，仲間入りにおける相手の意図の解釈に何が影響しているかを検討した（原野，1993b）。幼児に見せるビデオは，2人の子どもが遊んでいる場面をうつしたもので，登場している幼児が自分の知っている子どもの場合と知らない子どもの場合，登場している幼児がカメラのほうを見る（カメラは仲間入りする子どもの目線として撮影している）場合と見ない場合，その幼児たちが笑う場合と笑わない場合の三要因をもとに作ったものである。これらのビデオの場面を見ながら，ビデオにでている子どもたちと遊びたいと思うかどうか，また相手はどう思っているかどうかを，引っ込み思案傾向の高い子どもと社交的な子どもなどに聞いた。

　その結果，引っ込み思案傾向の高い子どもは，社交的な子どもに比べ，相手

が知っているか知らないかによっていっしょに遊びたいかどうかを判断するようであった。そして，相手が知っている子どもの場合には自分は相手と遊びたくないと思い，また，相手も自分と遊びたくないと思うという傾向があった。

　以上のことを考えると，仲間に入って友だちと遊ぶのが苦手な子どもたちというのは，あそび相手が自分をどう思っているかを否定的にとらえる傾向があると思われ，そのために仲間入りをしたいと考えないようである。とくに，相手が知っている子どもの場合，知らない子どもが相手の場合に比べ，これが顕著であるのはなぜだろうか。知らない子どもが相手の場合には否定的でないということも考えると，このことは，子どもたちどうしの関係の歴史と関連していると思われる。単純に推測するならば，仲間に入って遊ぶのが苦手な子どもたちは，出会いのはじめのころは仲間に入って遊べていたのかもしれない。しかしながら，徐々にあそびに入れなく（入らなく）なっていると考えられる。これは，いっしょに遊びたくないから遊ばなくなっているのか，たとえば，拒否された経験があり，そこを乗り越えることができないままでいるのか，それは定かではない。おそらく個別に状況は異なるのかもしれない。しかしながらここでいえることは，保育のなかで，仲間といっしょに遊ぶことがいまその子どもにとってたいせつなことであると考えるときの手だてのひとつとして，また，遊べない子どもへの対処のひとつとして，他の子どもや自分への否定的感情を低減させるような経験をさせるということではないだろうか。あるいは，他の子どもからの自分への否定的感情にとらわれることなく過ごせるように配慮をすることであろう。さらにいうなら，うろうろするよりも，もっとやりがいのあることを子どもに経験させることであろう。

　当然といえば当然のまとめになるが，保育のなかで仲間関係を形成するには，保育内容の充実をまず考えたい。たとえばあそびでも，いっしょに歌う歌でも，絵を描くことでも，給食やお弁当を食べることでもよいから，そこで味わう安心感，あるいはそこに力を尽くしたという達成感や，あるいはよりよいものをつくっていこうとする競争や協同，それに伴う緊張感や開放感等々をともに経験することから，関係が構築されると考えられるのではないだろうか。

3節　多国籍園児との出会い

　あなたは，保育所もしくは幼稚園に初めて足を踏み入れた日のことを覚えているだろうか。

　保育所や幼稚園は，多くの子どもたちにとって，「社会」との生まれて初めての出会いの場なのかもしれない。すなわち，多くの子どもたちは，生まれてからずっと家庭のなかで育つ。そこには，自分の親やきょうだいがいっしょに住んでいることが多いだろう。なかには，祖父母や曾祖父母，親類縁者がいっしょに住んでいる場合もあるかもしれない。たいていの場合は，そのメンバーは変わらない。生まれたときからずっと顔をあわせ続けている，いつものメンバーだ。それを「家族」とよんでもよいかもしれない。

　しかし，「社会」は異なる。家庭の外の，複雑で異質な人たちによって構成されている，メンバーの定まらない流動的な集団である。いつだれに会うのかは，わからない。いつ，どこからだれがやってくるのかも，わからない。自分自身とは異なる人たちと出会う。それが，「社会との出会い」といえるかもしれない。そのような出会い，しかも初めての出会いを思い出してほしい。

　あなたは，保育所に初めて足を踏み入れた日，幼稚園に初めて足を踏み入れた日のことを覚えているだろうか。何という名前の保育所あるいは幼稚園であっただろう。どのような保母さん・保父さんや先生（当時は保育士という名称などなかったことだろう）が，あなたを出迎えてくれたのだろう。どのような顔をして，あなたを出迎えてくれたのだろうか。あなたは，そのときにどのような顔をしていたのだろうか。そして，あなたのまわりにいた，あなたとほぼ同年齢の子どもたちは，どのようなようすであったのだろうか。あなたと同じように不安な表情を浮かべながら，隣にいる親や祖父母などの大人の手をぎゅっと握りしめていたのだろうか。その子どもたちの髪の毛の色は何色だっただろうか。肌の色はどうだっただろうか。目の色はどうだっただろうか。身につけている服装は，あなたと似ていたのだろうか。話していた言葉は，あなたがいままでに聞いたことがない言葉であっただろうか。ぜひとも思い出してほしい。あなたのまわりにいた一人ひとりのことを。

　このようなことを，あなたに尋ねたのは，本節でこれから述べられる内容と

非常にかかわりがあるからだ。初めて保育所や幼稚園に足を踏み入れた日を思い起こしながら，本節を読み進めていただきたい。この日本社会は，たった1つの「民族」・「人種」のみで構成された社会なのかということを考えていただくこともまた，本節のねらいの1つでもある。

1 ── 日本国内で生活する外国籍の人たち

それでは，1つの質問から始めよう。

・日本国内に住んでいる人のうち，外国籍の人の占める割合はおおよそどのくらいだと思いますか（2007年末現在）。
①30人に1人　　②60人に1人　　③90人に1人
④300人に1人　　⑤600人に1人　　⑥900人に1人

さて，あなたは正解を何番だと考えただろうか。正解は次頁の欄外にしるした通りだが，この割合をあなたは多いとみるのか，少ないとみるのか。私は講義中に必ず以上のような質問をするのだが，「テレビのバラエティー番組を見ていると，必ず外人タレント[*1]がレギュラーとして映っているので，もっと多いと思っていた」と答えた人もいた。このように，あなたが答えを選んだとき，その根拠となるイメージがあなたの頭に浮かんでいたはずだ。それはどのようなイメージだろうか。そのイメージこそ，あなた自身の社会像，つまり，あなたが社会とはこのようなものだと知らず知らずのうちに想定している姿だといえるのかもしれない。

前述の質問に対して，より正確なデータを示すと，以下のようになる。

2007年12月末日現在で日本国の総人口は約1億2780万人であり，当時日本国内に居住している外国籍の人は約215万3千人であった（法務省入国管理局調べ）。しかし，この人数は外国人登録をしている人，つまり日本国で生活をしていくために法的な手続きを行なっている人たちのみの人数であるので（90日以内に帰国する観光客などは登録をする必要はない），不法に滞在をしていたり，不法に入国している人たちも含めると，その人数はさらに多くなると考え

[*1] 「ガイジン」という言葉を，私たちは日常生活で何気なく使っている。だが，この言葉は来日した外国人たちの多くが初期に覚える言葉であると同時に，悲しい気持ちにさせる言葉でもあると訴える場合が多い。つまり，「ガイジン」とは外の人，私たちの輪の外の人という意味だとみなされている。来日した外国人を悲しい気分にさせたくなければ，はっきりと「外国人」という言葉を用いるべきなのかもしれない。

られる。さらには，日本国内に点在しているアメリカ軍基地内の軍人およびその家族も含めると，日本国内在住の外国籍の人の人数はさらに多くなることだろう。この日本国内在住の外国籍の人たちの人数は，1969年以来ずっと増加し続けている。一方で，日本国内在住の日本国籍の人たちの人数の増加は微々たるものである。日本国では「少子化」が叫ばれ続けているが，このまま現在の出生率が続くと，千数百年後には日本国籍の人は消えてしまうといわれるほどだ。10年前と比較してみると，日本国内在住の外国籍の人たちの人数は，およそ1.5倍ほどになった。このような人口の増減には，背景にある社会状況が深く関与していると考えられる。ここで，現在までのこの20年近くの社会状況を説明しておこう。

　バブル経済真っ只中の1980年代後半の日本企業の多くは，国内の労働力不足を海外からの労働力で補おうとした。そのことによって，その時期を境に日本国内の外国人人口は一気に増加した。当時は，「働き手さえいれば何でもよい」という乱暴な発想のもと，不法滞在者なども受け入れていた企業も多くみられた（現在もなくなったわけではない）。このような状況に，「このままでは日本は外国人に乗っ取られてしまう」とヒステリックに声をあらげる「知識人」もいたほどだった。深刻な経済不況が続いている状況では信じがたいことだろうが，当時の東京都の上野公園が中東諸国から来た出稼ぎ労働者で埋まり，「不穏な動き」として警察官の集団が取り締まろうとしたこともあった。そのときに来日したのは，出稼ぎに来た男性ばかりではなかった。当然のことながら，出稼ぎに来た女性もいたし，彼らを頼って来日した家族もいた。そして，家族のなかには幼い子どもたちもいた。そのような子どもたちの多くは，経済的な問題から日本の保育所や幼稚園に通園することはままならなかった。一方で，通園していた子どもたちは，他の園児とうまくいかなかったり，保育者との関係がスムーズにいかなかったと保育者自身が認識している場合が多く，その場合には「言葉の問題」が原因とされていた（宮内，1995, 1997, 1999b）[*2]。

[*2] すべてが「言葉の問題」として説明可能かどうかは別問題である。私たちは，「言葉の問題」として理解しがちであるが，実は別種の説明が可能なのかもしれない。

正解：②

第2章　仲間との出会い

　1990年代半ばになり，バブル経済がまさに泡のようにはじけてしまうと，日本社会は一転して，現在の雇用者をいかに多く解雇するかといった「リストラ」と表現されるきわめてシビアな状況に一変した。まず最初に解雇されたのは，海外からの出稼ぎ労働者たちであった。最も弱い立場の働き手から，企業は解雇していった。それでも，母国に帰国せずに，日本国内で生活し続けた外国籍の人たちも少なくはなかった。とくに，「日系人」とよばれる人たちは，1990年に「出入国管理及び難民認定法」が改定されることによって，他の外国籍の人たちよりも立場が多少改善されたので，ブラジルなどから新たに出稼ぎにくる人たちもいた。このような「日系人」とよばれる人たちの多くは，日本国から南米を中心に移住した人たちの子どもや孫，さらにはその子どもや孫である[*3]。

　さて，このような流れを経て，現状のような外国籍の人たちが日本国内で生活している。単純に考えてみると，あなたの出身中学校の1学年に必ず1人か2人は外国籍の同級生がいた計算になる。あなたの出身中学校では，どうだっただろうか。ただし，総人数や比率に関しては，地域差もかなり大きい。たとえば，群馬県の太田市や大泉町には多くのブラジル国籍の人たちが生活している。2008年8月末現在で，大泉町には約7千人の外国人が生活しており，それは大泉町の総人口の約17％を占めている（大泉町ホームページhttp://www.town.oizumi.gunma.jp）。つまり，大泉町で生活しているおよそ6人に1人は外国籍であるというわけだ[*4]。さきほどの日本国内全体の割合よりもはるかに高い。このような地域では，「外国人なんて生まれてから生で一度も見たことがない」などという感想（私がかつて生活していた札幌市内の専門学校での講義の際に出された北海道地方都市部出身の学生の感想）などはでてこないであろう。さらには，私たちが生活している日本社会は「単一民族社会」あるいは「単一文化社会」であるといった発言が，まったく実情に即していないということがわかるだろう。

　このような地域では，保育所もしくは幼稚園に多くの外国籍の子どもたちが

[*3] 多くの場合は沖縄県出身者だといわれているが，沖縄県は日本国の一県ではなかった時期もあるので，事情は非常に複雑である。
[*4] 大泉町は2009年度に太田市と合併することが決まっている。

通園している。本節の冒頭で述べたように，同じ保育所もしくは幼稚園に在籍している友だちのことを，10年後くらいに思い出したら，この場合はどうなるであろうか。髪の毛の色は何色だったのか。肌の色は，目の色は，身につけている服装は，あなたと似ていたのか。話していた言葉は，あなたがいままでに聞いたことのない言葉だったであろうか。このような問いかけには，本書をいま読んでいるあなた自身は「すべて私と同じ。髪の毛の色も，肌の色も，目の色も，話す言葉も」と答えるかもしれないが，少なくとも近年の大泉町で育った人たちは「違う」と答えるのだろう（実際にこれを読んでいる人のなかにも大泉町出身者がいるかもしれない）。クラスの友人が，自分とは異なる言語で話している。日本社会はすでにこのような現状になっているのである。この社会で生活している人は全員文化が同じなので「言わなくてもわかり合えるのだ」といったような，自分自身の文化を中心にした独善的な考え（自文化中心主義）は，この現状にはあてはまりはしない。

　しかし一方で，髪の毛の色も，肌の色も，目の色も，話す言葉も同じであると，同じ民族である，もしくは同じ文化であると結びつけるのも非常に危険なことである。それらは単純に結びつきはしない。複雑に絡み合っている。それが，国境を越えた移動が急速に進行している現代社会の一断面である。

2——日本国内で生活する「朝鮮」籍の人たち

　さきほどから私は「外国籍の人」という言葉を多く用いてきたが，なぜ私はそのようなもって回った言い方をしているのだろうか。「外国人」と書けばよいじゃないかと憤っている方もいるかもしれない。あなたにとって「外国人」とはどのような人のことをイメージするのだろうか。英語を話す金髪の白人で，日本語があまりわからない人？――「外国人」と聞けば，このような人をイメージしたかもしれない。実は，日本国内在住の「外国人」のなかではこのような人はかなりめずらしい。なかには，日本で生まれて，日本で育ち，日本語を話す人もいる。このような人のことを「外国人」とよぶことに，少なくとも私は抵抗がある。だから，あえて「外国籍の人」という表現を用いてきたのだ。このことについて詳しく説明していきたい。

　その前に，日本国内在住の外国籍の人たちのうち，人数が最も多い人たちの

第2章　仲間との出会い

図2-1　国籍（出身地）別・構成比の推移

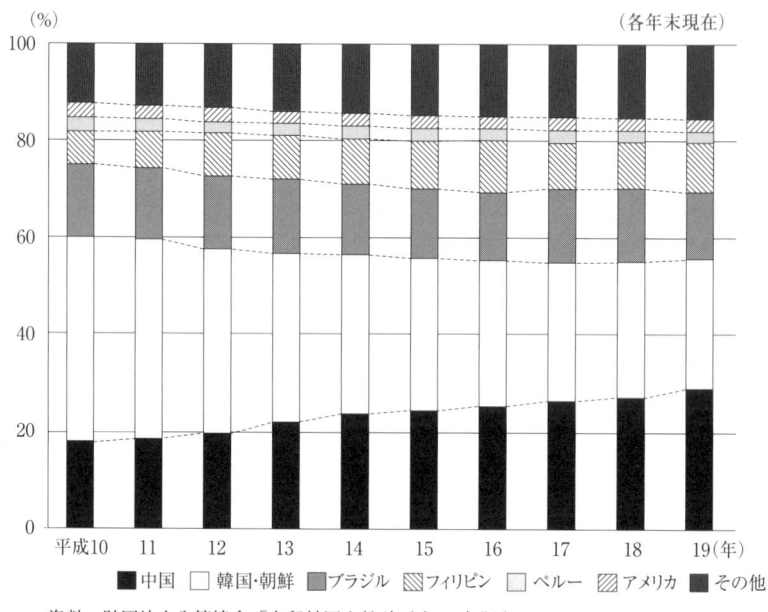

資料：財団法人入管協会「在留外国人統計平成20年版」，2008，p.8

国籍はどこなのだろうか。私がこれまでさまざまな学校で講義を行なうなかで，この質問をすると，1位はアメリカであることが多かった。前述の内容から，あなたはブラジルだと答えるかもしれない。さて，現実はどうだろうか。図2-1をみていただきたい。

グラフからは読み取りづらいかもしれないが，2007（平成19）年現在，日本国内で外国人登録をしている人たちのなかで人数が最も多い人たちの国籍は中国である。つまり，日本国内には，日本国籍を除けば，中国籍の人たちが最も多く生活しているということになる（ただし，外国人登録者のみに限られる）。

しかし，前年の2006（平成18）年までは，図2-1の通り，状況は異なっていた。日本国内で外国人登録をしている人たちのなかで人数が最も多い人たちの国籍は「韓国・朝鮮」であった。つまり，日本国内において「外国籍の人」と言えば，その大半は「韓国・朝鮮」籍の人たちであったのだ。だが，日本国内で生活する外国籍の人たちの総数は増加し続けているのだが，「韓国・朝鮮」籍の人たちの人数は減少し続けているので，「韓国・朝鮮」籍の人たちの占め

3節 多国籍園児との出会い

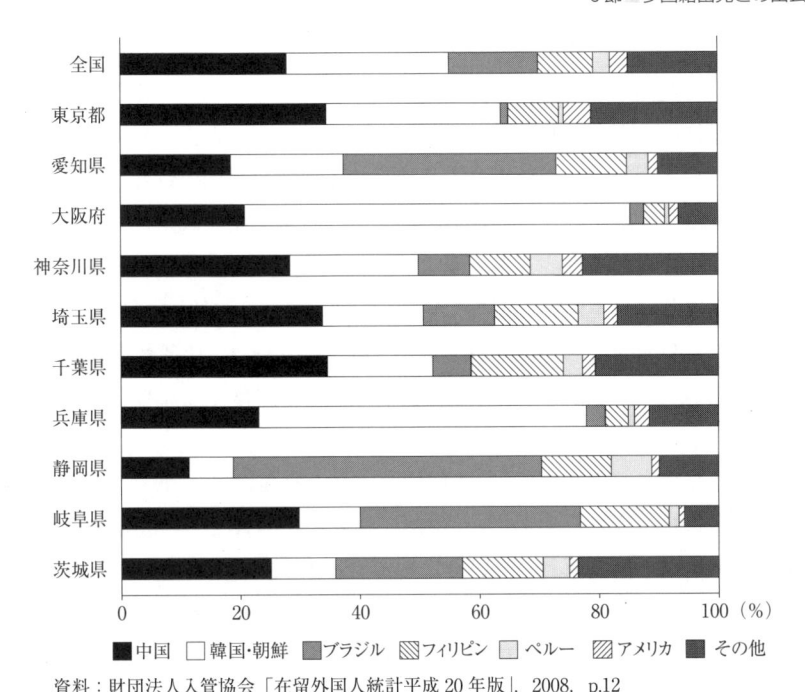

図2-2 2007（平成19）年末における外国人登録者数上位都道府県の国籍（出身地）の割合

資料：財団法人入管協会「在留外国人統計平成20年版」，2008，p.12

凡例：■中国 □韓国・朝鮮 ■ブラジル ▨フィリピン ▨ペルー ▨アメリカ ■その他

る割合は年々減り続けていた。そして，2007年にとうとう1位と2位の座が逆転し，日本国内で外国人登録をしている人たちのなかで人数が最も多い人たちの国籍は中国となったのである。とはいえ，この人数に関しては地域差が大きい。図2-2をみていただきたい。

　大阪府や京都府といった関西の地域では，「韓国・朝鮮」籍の人たちの割合が依然として大きい。しかし，静岡県においてはブラジル籍の人たちの割合のほうがはるかに大きいことがわかる。このように，同じ日本国内といっても，地域によって国籍別の割合が著しく異なる。さらに，同じ日本国内といっても，自然環境も保育環境も保育をめぐる条件も異なっている（たとえば，長野県と沖縄県の幼稚園への就園率を比較してみよう）。だから，地域によって状況がまったく異なる場合があるということをふまえていないと，外国籍の子どもたちも含めた子どもたちについて誤解をしてしまう危険性があるので注意したい。

　それでは，この「韓国・朝鮮」籍の人たちとは，どのような人たちなのだろ

うか。これらの人たちは，他の外国籍の人たちとは異なる事情がある。たしかに近年は大韓民国から日本国に働きにきた人たちも含まれているが，大半の「韓国・朝鮮」籍の人たちは日本国で生まれ，日本国で育った人たちである。それでは，なぜ日本国籍ではないのだろうか。ここには日本国の特殊なルールがある。日本国は「生地主義」ではない。つまり，日本で生まれたからといって日本国籍とはならないのだ。日本国家は「血統主義」であり，親のどちらかが日本国籍でなければ日本国籍を認めていない。しかも，1985年までは父親が日本国籍でなければ，子どもの日本国籍を認めていなかった（「父系血統主義」という）。母親が日本国籍であっても，子どもは日本国籍とはならなかった（まるで，子どもは父親のものであるというルールがあるかのように）。

　このような日本国で生まれ，日本国で育った人たちに対して，私は「外国人」とよぶことに抵抗があったのだ。「韓国・朝鮮」藉の人たちの大部分は，日本国がアジア諸国を植民地としていたころに，日本に出稼ぎにきたり，強制的に連行されたり，田畑を焼き尽くされて日本に活路を見いだそうとしかたなく来日した人の子ども，孫，曾孫などということになる。いわゆる「在日韓国・朝鮮人」や「在日コリアン」や「在日朝鮮人」とよばれる人たちである（このような呼称に関しては，宮内，1999cを参照）。

　ここで確認しておきたいことがある。前述してきた「韓国・朝鮮」籍は，これ1つで国籍を表わしているわけではない。便宜的なカテゴリーといえる。「韓国」は大韓民国を表わしている。これは理解可能である。問題は，一方の「朝鮮」である。これは誤解している人が非常に多いが，朝鮮民主主義人民共和国を表わしているわけではない。2008年9月現在，日本国と朝鮮民主主義人民共和国とは正式に国交がないので，「朝鮮」籍の「朝鮮」はこの国家自体をさすものではない。原尻（1998）が述べるように，一国家を表わしているのではなく，「出身地域名称，あるいはたんなる『符号』」として理解すべきだろう。

3 ── 日本国内で生活する「韓国・朝鮮」籍の子どもたち

　就学期を迎えた日本国生まれの「韓国・朝鮮」籍の子どもたちの多くは，数多くの「日本の学校」と数少ない，いわゆる「民族学校」といった2つの進路から，みずからの進学先を選び取ることになる。現時点で大半の場合は，「日

本の学校」，つまり国公立および私立の小学校に入学している。本書は小学校以前をテーマとしているので，就学前に焦点を当ててみよう。すると，「民族教育」を根本に据えた保育所や幼稚園は数のうえではきわめて限られてくる。たとえば，関西には朝鮮初級学校に附属の「幼稚班」が開設されているが，すべての都道府県にあるわけではない。だから，子どもたちの保護者がどのような考えをもっていようとも，家庭外に子どもたちを預けると決心し，自宅から通園させるとするならば，「日本の保育所か幼稚園」しか選択肢はない場合が多い。

　このような背景から，日本国生まれの「韓国・朝鮮」籍の子どもたちの多くは，「日本の保育所か幼稚園」に通園している。前述の大泉町で生活しているわけではないので，外国籍の人たちが学年に1人か2人いたのではないかと言われてもまったく実感がわかないという人もいることだろう。しかし，実は「出会っていた」のだ。ただ，あなたがそのような人たちに出会ったことに気づいてはいなかっただけともいえる。「韓国・朝鮮」籍の子どもたちの多くは通名で通学している。つまり，みずからの本名とは別の，日本ではポピュラーな名前で生活をしている場合が多い。だから，あなたはあなたの同級生が「韓国・朝鮮」籍であることを知らなかっただけなのかもしれない。あなたがその存在を知らなければ，そのままずっと，そのような人の存在はなかったことになってしまう。それはあまりにも恐ろしいことだ。

　なかには，朝鮮の文化ではポピュラーな名前である本名で通学する子どもたちもいる。この場合，あなたが「在日朝鮮人」という存在を知らなければ，その子どもたちに対して「韓国から来たの？」や「日本語がじょうずだね」などと言ってしまうかもしれない。日本語がじょうずなのはあたりまえだ。日本国で生まれ育って，日本語が母語なのだから。保育者・教育者として，このような過ちを犯すことは避けたい。

　それでは，保育所や幼稚園において，「韓国・朝鮮」籍の子どもと日本国籍の子どもはどのように過ごしているのであろうか。ここでは，以前私が1年間お世話になったカトリック系の私立幼稚園でのあるエピソードを紹介したい。そこで私は1年間の間，補助教員として通園させていただいた。その幼稚園は，1994年度に北海道内では外国籍の園児が最も多く在籍していた幼稚園だった

(詳細は，宮内，1998a，1998b，2005，2008を参照）。

> **事例　昼食時のできごと（1月）**
>
> 　クラス内ではMちゃんと，先のLちゃんとKちゃんが一緒の机でお弁当を食べていた。筆者もかの女たちの机の真後ろで，いつものように園児たちに交じってお弁当を食べていた。
> 　まず，Lちゃんが「チョーセンジン」ではないということを聞いたMちゃんは，驚きの声をあげたかのように，少なくとも筆者には聞こえた。そして，Mちゃんはすぐに，KちゃんにKちゃん自身が「チョーセンジン」であることを確認した。そのうえで，LちゃんがKちゃんと同じ町内に住んでいるにもかかわらず，Lちゃんが「チョーセンジン」ではないということに納得がいかない様子を示していた。
> 　この後，Kちゃんは自分が「チョーセンジン」であり，自分が「チョーセン」からやって来たということを述べた。Mちゃんは「チョーセン」が何を意味するのか具体的にはよくわからなくなってきたように筆者には映った。Kちゃんが「遠いところ」と言ったことから，Mちゃんは「アメリカのこと？」と聞き返していた。Kちゃんはアメリカではなく「チョーセン」だと何度もMちゃんに訂正していたが，会話の焦点は別の話題に移った。　　　　（宮内，1998a）

　これは，以前に私が書いた論文のなかで記述したエピソードである（宮内，1998a）。ここから考えられることは，日本国内で生活する「韓国・朝鮮」籍の子どもが，親しい友だちに，自分自身が「日本人ではない」ということを伝えたとしても，その意図は周囲の日本国籍の子どもたちには理解されず，ある地域に住んでいる人のことを「チョーセンジン」と呼ぶといったように，曲解されてしまう可能性があるということである。

　私たちは「単一民族社会」に生きていると，根拠もなく思っているし，思わされてもいる。このことによって，Kちゃんにみられるような園児がみずからの国籍や「民族」を周囲に意思表示をしたとしても，その試みは受けとめられることなく，ねじ曲げられてしまう可能性が高いといえよう。少なくとも私たちは，日本社会はわずか1つの「民族」のみで構成されており，その「民族」独自の1つの文化を基盤にして構築されているといった非現実的な物語に身も心も操られることなく，ありのままの現実を直視できるようなものの見方を保持していたい。そうすれば，少なくともKちゃんのような園児の試みに気づきはするはずである。

本節では，日本国内における外国籍の人たちをめぐる近年の状況を説明したうえで，国内ではいまもなお人数の多い「外国人」である「韓国・朝鮮」籍の人たちについての説明を加えた。そして，「韓国・朝鮮」籍の子どもによる１つのエピソードを紹介しながら，現在の保育環境のもとで生じる可能性のある問題についてふれた。

　最後に，保育実践にこれからかかわろうとしている人たちに訴えたい。保育実践は就学前教育機関および保育施設の内部で行なわれるものだといえるかもしれない。だからといって，目の前にいる子どもたちのみを見つめていればよいというものでもないだろう。ましてや，子どもたちをうまく指導・教育するためのテクニックにのみ習熟すればよいというものではけっしてない。目の前にいる子どもたちは，可能性に満ちあふれた１人の人間であるとともに，現代のさまざまな問題に確実に連なりつながっている存在でもあるのだ。その問題とは，日本国中で取り沙汰されているさまざまな問題かもしれないし，おのおのの地域固有の問題なのかもしれない。さらには，本節で述べてきたような世界経済や国際紛争といった世界的な規模の問題とも連なっているかもしれない。この際に，目前の子どもたちに対する近視眼的なテクニックのみで，保育実践を行ない得るのであろうか。国際問題に目を背けたままで，万全な保育実践を行なうことは可能なのだろうか。一人ひとりのニーズに合った保育実践を指向するのであるならば，なおさら自分が生活する社会の動向に敏感であり，理解しておかねばならないのではないだろうか。

　単純な言葉に言い換えれば，私たちは保育所や幼稚園の「内部の世界」に目を向けることは最低限度必要であるが，それのみならず「外部の世界」にも目を向ける必要があるということである。そうしなければ，目の前の子どもたちを理解することは不可能であろう。

　　［付記］
　　本節は，1994～1996年度および1998～2000年度文部省科学研究費補助金・研究員奨励費による研究成果の一部である。

第2章 仲間との出会い

研究課題

1. 1つのクラス集団の子どもたちを観察し，子どもたちに共有されていると思われる仲間文化を見つけよう。その根拠となる観察事例を複数あげてみよう。
2. 保育所や幼稚園で，子どもが好きなあそびをしている時間に，子どものあそびのようすを観察してみよう。その際にあそびの開始からしばらくの間観察し，あそびの開始のしかたとその後のあそびのなかでの役割について関連があるかどうか考察してみよう。
3. あなたがいま生活している市町村，そして都道府県の総人口は何人だろうか。そのうち，外国籍の人は何人だろうか。それらを調べたうえで，あなたがいま生活している市町村と都道府県における外国籍の人の割合を出してみよう。
4. あなたはこれまでに外国籍の人と友だちになったことがあるだろうか。ある場合は，その人の国籍を思い出して，その国について調べてみよう。ない場合は，本当になかったのかどうか，よく思い出してみよう。

推薦図書

- 『飛ぶ教室』　ケストナー，E.／若松宣子（訳）　偕成社文庫
- 『子どもの社会的発達』　井上健治・久保ゆかり（編）　東京大学出版会
- 『エルクラノはなぜ殺されたのか』　西野瑠美子　明石書店
- 『GO』　金城一紀　講談社

第3章
保育者との出会い

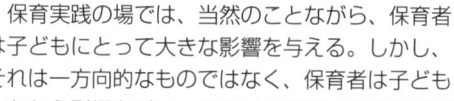

　保育実践の場では、当然のことながら、保育者は子どもにとって大きな影響を与える。しかし、それは一方向的なものではなく、保育者は子どもたちから影響を受け、お互いの関係は変容を遂げていく。また、子どもを理解することは、保育実践の場にいるときだけの子どもを理解することにとどまらない。子どもの背後にある家庭や地域の状況もとらえ、そのつながりのなかで子どもを理解していくことが、子どもと保育者とのかかわりを深めていく。
　本章では、子どもたちと保育者の保育実践の場での出会いの様相を取り上げる。

第3章　保育者との出会い

1節　乳児と保育者との出会い──子どもの生きる状況と主体性の展開

　本節の役割は，おもに乳児と保育者の「出会い」を語ることである。それは子どもの姿だけを語ることでも保育者の思いだけを語ることでもない。保育者の体験のなかに現われてくる子どもを語り，子どもにとって保育者がどういう存在かを語ることが必要である。以下，保育者や子どもが生み出すいろいろな葛藤を手がかりに，出会いのなかでの子どもと保育者の成長について考えてみたい。

1──乳児との出会いと家庭との出会い

　保育者として現場に入ったとき，最初はミルクの作り方，授乳のしかた，おむつの替え方や処理のしかた，お散歩の連れていき方，外あそびのときの注意のしかた，お昼寝のさせ方，温度による服の加減や着せ替え方から保護者に渡す連絡ノートの書き方，部屋の整理のしかた等々まで，具体的な日常の技術を身につけるのに一所懸命になるだろう。

　そのように実際に保育者として子どもとかかわるなかで，その一番基本的な仕事はやはり子どもがからだの健康を保ち，成長していくプロセスを支えていくことである。たとえばこの乳児期には睡眠，覚醒，食事といった基本的な生活のリズムを整えていくことが大事な意味をもっている。個人差はあるが，生まれて1か月ほどの子どもは，太陽の動きにそった24時間周期のリズム（サーカディアンリズム）とは関係なしに寝起きする。彼らは3時間ほど寝て，数十分間起きておっぱいを飲んだりし，また3時間ほど寝てという具合に，ウルトラディアンリズムとよばれる短い周期の睡眠パターンをとる。やがてある程度安定した睡眠と覚醒の時間帯が25時間周期で現われ始め，それが4か月ごろまでにはだいたい昼夜周期に同調した24時間周期のサーカディアンリズムへと変わっていく。保育者はそのような子どものリズムに対応しながら，生活の基本的な世話をしていくことになる。

　このように述べれば，乳児は成長とともに，生物学的な仕組みで自然に大人のリズムに近づいてくると思われるかもしれない。しかし実際はそうではない。保育者は園のなかで，乳児がだんだんと安定した睡眠パターンをとって，お昼

寝のときにはぐっすり寝てくれることを期待するのだが，子どもは必ずしもすべて順調にそうなってくれないのである。そこに保育者と子どもの間の小さな葛藤が起こる。

　子どもは1日のなかで多くの時間を自宅で過ごしている。当然そこでの生活が園での子どもの姿に大きな影響をもってくる。たとえば夜は何時に寝ているか，定時に寝ているかそうでないかは子どもの1日のリズム形成に大きな意味をもっている。ある報告によれば，夜間に豆電球をつけておくことで，乳児の睡眠リズム形成が1か月遅れるという (Shimada et al., 1993)。また別の研究では，5か月までは寝ながらでも授乳できるほど，摂食が睡眠にあまり影響しなかった乳児が，それ以降は食事をすれば目が覚めてしまうようになり，食事の与え方によっては睡眠パターンが崩れてしまう。さらに8か月では周囲の家族の生活リズムといった，周囲の人の要素が睡眠に影響するようになるという（馬ら，1990）。

　親の睡眠時間にあわせるように夜遅くまで寝ない子どもは，しばしば朝がたいへん苦手になり，十分に目が覚めていない状態で，場合によっては朝食もそこそこに園に連れてこられる。園のほうはふつう，子どもが家でしっかり寝て，ご飯もちゃんと食べてくることを前提に，園のリズムをつくろうとするので，子どもはすっきりしない気分のなかで，午前中をなにかと機嫌悪く過ごし，そのことでまた他の子どもとトラブルが増加したりもする。家庭のリズムと，園のリズムと，その間にはさまって子ども自身が混乱してしまう。そうすると保育者は園のリズムをつくろうとして，子どもとの間に葛藤を起こすことになる。

　こんなふうに保育者は，直接には子どもを相手にしているのだけれども，その子どもの状態というのはその子自身だけで決まるわけではない。そこで保育者が出会う問題も，必ずしもその子どもの個人的問題というわけではない。まだ月齢も小さく，生活の基本的なことを周囲に頼っていればいるほど，その姿には家庭を含めた周囲のさまざまな状況が直接的に関係してくる。

　保育者が保護者と接触する機会は送り迎えのときや，連絡ノートや園のお知らせなど，限られたものである。けれども生活リズムに関する前述のような例をみると，実は保育者が子どもに出会うということが，たんに子ども自身に出

会うことにはとどまっていないことがわかる。保育者としての経験を積むなかで，少しゆとりをもって子どもに接することができるようになり，経験豊かな先輩の保育者から話を聞いたり，子どものようすをだんだん深く知ることができてくると，自分が子どもと出会い，子どもとつきあいながら，その子どもをとおして家庭や地域などとも向き合っているのだということが，自然にみえてくるだろう。これが乳児をはじめとする子どもとの出会いの1つの面である。

　昔に比べ，いまは祖父母や地域による子育てへの援助が受けにくくなっている。保育所はそもそも家庭が抱えきれない子育てを社会的に補助する役割をもっていた。それに加え現在は，家庭内で祖父母などの「先輩」から子育てのしかたや子育て文化の伝承を受ける機会も減り，親，とくに母親が孤立して子育てに悩む状況が深まっている。そういう状況のなかで保育所は，たんに子どもを預かる場ではなく，親自身がどのように子育てをしていくかについても，情報提供をしたり親の悩みに答えたり，より積極的に支援する役割を果たすようになってきている。家庭や地域社会とともに考え，子どもの育ちをサポートしていくことがこれからますます重要になるだろう。

2——個になろうとする子どもとの出会い

　子どもにとって，家庭や地域の状況が大きな意味をもつことは，何も乳幼児期には限らない。小学校，中学校，高校，さらには大学以上になってもそれはもちろん大きな意味をもっている。けれども，いくら子どもを取り巻く状況が重要であるといっても，子どもはけっしてたんに状況に消極的に従っている存在ではない。一人ひとりが個性をもちながら，積極的にひとりの主体として生きている。保育のなかで第一に出会い，直接向き合っていかなければならないのは，家庭や地域よりもやはりまずそういう主体としての子どもである。保育者は一人ひとりの子どもをとおしてこそ，その子どもがおかれた状況と出会うのである。

　ではその子どもの主体性は保育者にどんなふうに体験されるのだろうか。

　乳児期に，子どもが周囲の大人にはたらきかける重要な手段のひとつは「泣く」ことである。新生児の場合などはまだ漠然と不快な感情状態をもって泣いていて，とくにだれかに何かを要求しているという意識があるとは考えがたい。

1節　乳児と保育者との出会い―子どもの生きる状況と主体性の展開

けれどもたとえそうでも，泣かれたほうは自分自身が何かを強力に要求されているような，いても立ってもいられない気分に引きずり込まれる。そしておしめを調べたり，授乳を試みたり，服の厚さを調節したり，あるいはだっこをしてゆすってみたり，いろいろなことをしてなんとか泣きやんでもらおうとする。大人は子どもの泣きの意味を一所懸命解釈し，そこに子どもという1人の主体の「欲求」のようなものを見いだそうとするのである。たとえば麻生（1992）は生後14日めの自分の子どもについて，このような事例を紹介している（以下，事例中の括弧内は筆者による注である）。

事例　乳児の欲求を解釈する大人（生後14日児）

畳の上の布団に寝かされているUが首を右に向けたままで激しく泣いている。私（Uの父親）がUの左方向から黙ったままそばに近づくと，人の気配か物音のためか一瞬泣きやむ。私が黙って左横に正座したままだとまたすぐに泣き始める。私が声をかけても泣きやまない。M（母親）が側にやってきて，掛け布団をめくり，下のバスタオルで身体をくるむようにしてやると泣きやむ。Mが抱き上げミルクを与える。哺乳瓶の乳首をくわえつつ，額に縦じわを寄せてMの顔を見つめる。10ccでミルクを取り上げるが泣かない。これまでと違って空腹のためではなく，退屈で泣いたように感じる。　　　　　　（麻生，1992）

このころ父親の「私」はUくんが泣いたりぐずったりしたときに，たんに「おっぱいが飲みたい」といったことではなく，「相手をしてほしい」「だっこしてほしい」などのコミュニケーションへの欲求として感じ始め，そういうふうにUくんに接し始めている。Uくんが自分自身そういう欲求をちゃんと意識して，それを特定のだれかに伝えたいと思っているとは考えにくい。けれども大人の側は「私」や「M」のように，試行錯誤をくり返しながら，Uくんの「要求」を理解しようと努力するのである。そんなふうに大人は何かを要求する主体として子どもに出会う。

もちろん子どもの主体性を感じるのは，要求の場面だけではない。じっと何かを見つめているとき，「この子は〇〇を見ようとしている」とか，「この子はこれをおもしろがっている」というふうに，その子どもの意志のようなものを感じ，そこに主体を感じる。高井（2000）は生後9か月17日に，寝起きの娘がCDのある曲をかけられたときには怒り出して，別の曲にかえたら機嫌がもどるのをみて，その子どもの好みの世界を感じ取っている。また，9か月22日に

はエアコンのリモコンカバーを開けたり閉じたりして遊んでいた娘が，それがうまく開かなくなって怒りの声を出すのをみて，そこに「『つもり』がはっきりしてきた」と感じている（高井，2000）。そのようなところに大人は子どものはっきりした主体的な意志，意図などを感じ取るようになり，その意図を汲んで手伝ってあげたり，やっていることを横からほめてあげたりするわけである。

　子どもによって早い遅いはあるが，1歳前後になると，大人のすることを子どもはいろいろ真似しようとするようになる。そして父親が「オムツとって」と要求すると，自分がやろうとしていたことをやめて喜んでオムツを取りにいってくれるように（麻生・伊藤，2000），子どもは大人に要求するばかりではなく，今度は大人の意図を汲んで要求に従う主体としても成長してくる。麻生と伊藤はこのような時期の子どもの姿を「大人へのすなおさ，従順さ」といった言葉で特徴づけている（麻生・伊藤，2000）。

　他方，高井（2000）は1歳児の親にアンケートをとり，子どもが誕生日を迎えたころにどのような変化があったかを記述してもらったところ，一番多い答えは「自己主張」「自立心」「わがまま」という，自立した行動をとろうとする子どもの主体的な姿を指摘するものだったという（高井，2000）。また実際の子どもの行動を食事場面で観察し，子どもが自分で食べるか（能動的様態），親に食べさせられるか（受動的様態），その中間か（移行的様態）を分類して頻度を比べると（川田，2001），この傾向がとてもきれいに現われる（図3－1）。子どもは周囲の大人の真似などをしながら，自分でできそうなことは自分でやろうとし始めるのである。

　ここでその「自立」へのようすをもう少し具体的にみてみよう。この時期の子どもについて，役割交替行動の出現と自我形成との関係を検討する研究（川田，2001，2003）のなかで，川田は次のような興味深い事例を見いだして報告している。

> **事例　自分で食べる（1歳児）**
>
> 　ある1歳1か月児（L）と母親（M）の食事場面の出来事——Lはソファーに座り，Mはプレートにのったスパゲッティと野菜を持ってくる。MはLに対し，「これは？」とトマトを差し出すがLは顔をしかめてのけぞる。そこでMは

> 「じゃ，これは？」と青菜を差し出してみる。しかし，Lは思いっきり顔をしかめてみせ，不快そうに手を振って「あ゛〜」と非難の声を上げてソッポを向いてしまう。M「どうしたのー？」とやや非難気味で，再度「赤いのは？」とトマトを差し出す。Lまたもや顔をしかめ手で顔を隠す。そこでMが開き直ったように「じゃ，自分で食べる？」とプレートを差し出すと，Lの表情が一変し，トマトに手を出し始めた。スパゲッティを食べる段になり，Lがうまくすくえないのを見かねたMが，箸でつまんでLの口元にもっていくと，Lは拒否。その後，Mの差し出しを受け容れたかに見えた時でも，これ見よがしに吐き出し，自分で食べて見せる。M「なんでー，おんなじのよ〜」。更に，LはMの差し出しを拒否した後，今度は自分の方からMに差し出して役割逆転が起ってしまう。
>
> （川田，2001）

　「トマトを食べる」ということではまったく同じはずなのに，Lちゃんは母親から食べさせられることを拒否し，自分で食べることにこだわっている。また自分がうまくスパゲッティーを食べられないのに，母親が手伝おうとするとそれも拒否し，逆に自分から母に食べさせようとする。もちろんこのような関係は母親との間だけに起こるのではなく，保育者との間にも生じていく。

　このような子どもの「反抗」のなかで，保育者や母親といった大人は，子どもの成長に2つの意味をもっているといえるだろう。1つは子どもの「食べる」という行動を支え，うまく方向づけていく意味である。たとえば私たちの文化のなかでは，食事は手で食べるのではなく，スプーンやフォーク，箸といった道具を使って食べることになっている。子どもは大人から道具を用いて食べさせられる経験や，大人が道具によって食べていることを観察することをとおし，それをモデルとしてなんとなく身につけていくのである。

　もう1つは子どもにとってぶつかっていく「壁」としての意味である。大人のすることを見よう見真似ででき始めた子どもは，今度は大人の意志に逆らってそれを自分からやってみようとする。大人の自分へのはたらきかけ，その意志を否定するこ

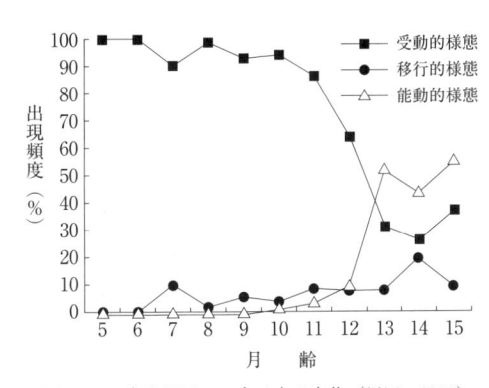

図3-1　食事場面での食べ方の変化（川田，2001）

とをとおして，子どもは自分自身の意志を確かめ，確立しようとするのである。そこで子どもは相手の大人とは違う「自分」を発見し，自我を育てていくことになる。大人はそのための大事な壁になる。

　子どもにとって大人は一体化のモデルともなり，また拒絶の壁ともなる。そういう矛盾する2つの意味をもちながら，大人は子どもの前に現われるのだし，その緊張関係のなかで，子どもは自分の意図を主張する主体として現われ，人と人とのやりとりの基本を学び始めることになる。

　そのようにして自己主張を強め，自立への道を歩み始めたこの時期の子どものやりとりは，その結果として他者との間にもいろいろな葛藤を生み出すことになる。その葛藤をどう解決するかが子どもにとって次の課題になってくるのだが，それを自分で調整し，解決するまでの力はこのころの子どもはまだもってはいない。前述の事例「自分で食べる」にも見えるように，Lちゃんは勝手に自己主張をしているだけで，その場をなんとかうまく調整しようとしているのは母親のほうである。大人は子どもにとっての1つの壁として現われながらも，自分にぶつかってくる子どもの葛藤を，うまく受けとめて調整してあげる役割を自然ととっていく。そしてそのような受けとめ方がまた次の子どもの成長にとって大事な意味をもつのである。

3 ── 子どもどうしの葛藤に出会う保育者

　前述の事例「自分で食べる」では，自己主張を強めた子どもが大人との間に葛藤を生み出すようすがみえてくるが，もちろんそのような葛藤は保育者や親など大人との間に限られるわけではない。当然のようにそこで他の子どもと衝突してしまう場面がふえてくる（川井ら，1980）。たまたま2人がつかんだおもちゃをお互いに偶然引き合うような例は5，6か月以降しばしば観察されるようになるが（遠藤，1986），だんだんとそれが意図的な取り合いの様相を帯びてきて，さらには他者攻撃を含む次のような事例も頻発することになる（山本，1996）。

> **事例　物を争って相手を叩く幼児（1歳児）**
> 　かや（1歳10か月女児）がマット椅子を押して遊んでいると，さき（1歳

9か月女児）がいきなりそれに座り込んでしまう。かやは「ウォー」といってマットを引き，さきを叩く。さきはふり返ってみてかやをたたき，「プーッ」とつばを吐きかける。かやはマットを引くがさきにまた叩かれ，ついに先生に慰められにいく。

杉山ら（1990）も，保育所のなかで1〜2歳の子どもを観察し，子どもたちの間に物をめぐって「相手に直接向けた行動」を増加させ，トラブルがトラブルとして成立してくること，そのトラブルの内容が，「だれが使うか」というものから，「どう使うか」というものへと変化していくことなどを明らかにしている。

では，そのように次つぎにトラブルを展開する子どもを前に，保育者はどのように対処するのであろうか。次に介入のしかたの具体的な事例をみてみよう。

事例　奪い合いに介入する先生（1・2歳児）

たかし（2歳8か月男児）と拓哉（1歳8か月男児）が2台のブービーカーを奪い合い始めた。それを見ていたT先生が「どっちかひとつずつにすればいいでしょう」などと言うが，2人はまったく聞かず，奪い合いを続ける。やがて一方のブービーカーは放り出され，残るもう一台を激しく奪い合い始めた（放り出されたブービーカーは別の1歳8か月男児が漁夫の利を得て使い始める）。2人で1分以上も奪い合いが続いた後，結局拓哉が根勝ちした形になり，たかしはべそをかいてT先生のほうへ「だっこして」と寄っていく。一方，拓哉はそのようにしてブービーカーを手に入れたにもかかわらず，すぐに興味を失って放っておく。

この事例ではT先生が，たかしと拓哉が2つのブービーカーの両方を一遍に奪い合っているのだから「ひとつずつ分け合えばすむ」という形で解決案を子どもたちに示している。けれどもそのような提案はもはや子どもたちに受け入れられず，もう「だれが何を使うか」などということは二の次で，けんかそのものが目的になってしまったようである。そして結局からだも大きく力も強いはずのたかしのほうが負けてしまう。ここでT先生がたかしから求められた役割は「なぐさめる」ことだった。

とくに変哲もないこのようなふつうの事例にも，子どもたちに対して保育者がどのような存在になってその場にかかわっているかについて，2つの典型的な姿がみえてくる。1つは子どもが何かのトラブルに陥ったときに，その具体

的な解決法を示す役割である。そしてもうひとつは子どもの情緒的な支えになるという役割である。

本郷ら（1991）は，1歳児クラスを対象に，1年間にわたって保育者が子どものトラブルにどのような形で対応するかを調べている。それによれば，平均1歳2か月ごろの子どもたちが引き起こしたトラブルに対しては，保育者はまずとりあえず制止するというはたらきかけが多いのに対し，1歳6か月や10か月ごろになると，最初はお互いの意図を確認したり，状況を説明したりする割合が多くなる。

また解決法を提示するようなはたらきかけについても，はじめはたんに代わりのものを与える（気持ちを別のものにそらす意味をもつ）というのが多いのに対し，順番を提案したり，いっしょに使うことを提案したりという，内容の調整にかかわるはたらきかけの割合が増加する。実際にはこのような提案は多くの場合，子どもの拒絶に会うのだが，それでも保育者はそのようなはたらきかけを続けるし，そのときには効果が薄いようにみえるはたらきかけが，結局意味をもってくるのである。たとえば次の事例をみてみよう。

> **事例　保育者の解決法を真似て（1歳児）**
> らむ（1歳7か月女児）がプラスチックの赤いかごに入って座っている。拓哉（1歳8か月）がそこに強引に入り込む。らむはJ先生のほうを見ながら「じゅんばんじゅんばんかわってよ」と言う。J先生が助けてくれないと，今度は山本（筆者：パート保育者）のほうを見，次に拓哉のほうに顔を向け，拓哉の顔をむしり始める。拓哉はらむを叩き返し，山本は拓哉を抱き上げる。

ここでらむが「じゅんばんじゅんばんかわってよ」と言っているのは，子どもに人気の絵本「ノンタン」シリーズにでてくるせりふである。ブランコを独占する子どもに対し，みんなでこのせりふを言うシーンがでてくる。らむはそのせりふを真似しているのだが，この場合はさきに入っているらむが言っているので，もちろんその意味は「はやくかわれ」ということではない。自分が使い始めたところなのに，むりやり割り込もうとする拓哉に対して「順番に使うんだから，わりこんだらダメ」と主張しているのである。保育者もしばしばそういう絵本のせりふなどを利用して子どもの行動をコントロールしようとし，そしてそれを聞いている子どもが，今度はその言葉を利用して問題を解決しようとする。

1節　乳児と保育者との出会い—子どもの生きる状況と主体性の展開

　前項で述べたように，子どもは大人のやり方を真似して，自分自身新しいテクニックを身につけようとする。同じようにここでは大人から示される解決法の真似をして，他の子どもとのトラブルを解決しようとしているのである。次の事例もある保育者の口調やテクニックを見よう見真似で取り込んで，状況をコントロールしようとしている。

事例　保育者のテクニックを真似て（2歳児）

　たかし（2歳8か月男児）がカイ（2歳1か月男児）の読んでいた電車の本を奪い，自動車の本をかわりにカイに押しつける。カイは泣き声をあげて抗議をするが，たかしは「ないてもだめ」と強く言う。なおも抗議を続けるカイに対し，たかしは電車の本を脇に置き，カイに押しつけた自動車の本を取り，「読んだげようか？」と聞く。カイは「うん」と答え，たかしは本を開いてカイに見せる。

　たかしはカイから強引に本を奪い取り，明らかに悪いことをしたのだが，抗議をするカイに「ないてもだめ」と逆に叱っている。これは子どもが泣いてわがままを言うときに，ある先生がそれを許さずに時折使う言葉である。電車の本のかわりに自動車の本という代替物を与えようとするのも，また泣いている子どもを落ち着かせるために本を読んであげたりするなど，他の活動に気をそらせるのも，保育者がしばしば使うテクニックである。それらを自分勝手な論理のもとではあれ，たかしはうまく使いこなしてトラブルを収めてしまった。

　このように子どもは保育者のことをとてもよく見ていて，よくいえば保育者の期待にこたえようといろいろがんばってみせるし，また自分に都合のよいように保育者のやり方を真似しようともする。友だちとのやりとりのときにも，保育者からそのやり方をどう思われるかをとても気にし始める（三極構造の形成；山本，2000）。そうやって大人の目を気にしつつ試行錯誤をくり返しながら，たとえば友だちのおもちゃを使いたいときには「貸して」といって相手の承諾を得るようにするとか（山本，1991），数の限られたおもちゃなら順番に使い合うようにするとか交換を申し出るとか（山本，1997），他の子どもたちのあそびに後から参加するときには「入れて」などと声をかける（倉持，1994）といったルールを身につけていく。そのようにしてトラブルを起こさずに他の子どもとどのようにしておもしろく遊べるのか，トラブルが起こったらどのようにして解

67

決できるのか，その子どもなりに身につけていくのである（山本，2000，2001）。

4 ──個性としての「逸脱」に出会うとき

　前述の事例「自分で食べる」では1歳1か月のLちゃんが，自分で食べられるようになり，逆に母親に対して役割交替的に食べさせるようなことができてくるころに，母親が食べさせようとするのを拒絶するような行動がみられた。ある意味でそれと共通するようなことが，いろいろな社会的ルールを次つぎに身につける3歳前後によくみられるようになる。大人から要求されて身につけたそのようなルールを逆手にとるように，今度はそれを利用して大人にも対抗しようとするのである。これが第一次反抗期といわれる姿の1つである。

　そのようにしてルールをある程度自由に使いこなせるようになり始めることで，子どもは保育者にいちいち調整に入ってもらわなくとも，自分たちの力である程度集団で遊ぶことができるようになってくる（自律的集団の形成；山本，2000）。そして自分がルールに従って行動できるようになってくるばかりでなく，それを他の子どもにも守らせようとする行動もしばしばみられるようになる。次のたかしの行動はその萌芽になるような事例である。

> **事例　いたずらをやめさせる（1・2歳児）**
> 　おやつ後のあそびの時間にカイ（1歳11か月男児）がいたずらで部屋の電気を消す。山本などが「だめ」といって怒る。電気がついた後，カイがまた消そうとすると，それを見ていたたかし（2歳6か月男児）がスイッチを手で覆って消させない。カイは二，三度たかしの手をはずそうとするがだめで，大声で泣き真似を始めるが，うそ泣きを見抜かれて先生たちにからかわれる。

　こんなふうに大人のやり方を取り入れながら，何をしてもいいか，何をしてはいけないか，何をしなければいけないか，といったある種の規範的な判断基準が子どものなかにつくられてくる。そしてそのように子どもたちの間に「規範」が意味をもってくるようになると，今度はそのような規範をめぐって新しい問題が起こってくる。

> **事例　いじわるをせずにいられない（3歳児）**
> 　なおみ（3歳6か月女児）が円筒状のブロックを塔のように高く積み重ねて

1節　乳児と保育者との出会い─子どもの生きる状況と主体性の展開

> いる。ブロックは高くするごとにだんだん傾いてきて倒れそうになる。なおみはブロックを支えながら「これちょっと，お皿持ってきて。だれかお皿持ってきて」という。だれも反応しないうちにのりお（3歳7か月男児）がやってきて，塔をパシンと叩いて倒し，走り去る。なおみは泣いて，迎えにきていたおばあちゃんにだっこされにいく。K先生はのりおをつかまえて謝るように言う。しばらくK先生に説得され続けて，のりおはなおみのそばにかけより，からだをよじったような変な格好をし，白目をむいてゆがませた顔を斜め上にぐいと突き出すようにして，なおみのほうを見ないまま，「ごめんなさーい」と一言どなり，さっと走り去る。

　ここでのりおは「いじわる」をしてなおみを泣かせてしまった。この年齢になるともう「他の子どもを泣かせてはいけない」ことを子どもたちはよく理解していて，相手が泣くと，泣かせたほうが逆にひるんでしまう例もでてくるのだが（山本，1991，2000），のりおの場合はそうならない。悪いことだということは知っていながらあえてそれをし，先生につかまって要求されると，しかたなく口先で謝りはするが，本当は謝りたくもない。その葛藤が彼の表情によくでている。

　この事例1つだけでは判断できないが，観察を続けていると，のりおはこのように他の子どもに乱暴をするシーンをしばしばくり返していた。大人の目には「荒れている」子どもとして見えてくるような例である。その子どもによってしばしば周囲の子どもが泣かされてしまい，まわりからちょっとおそれられたりもし始める。たまたまけんかになってしまったというより，むしろわざと自分からそういう状況をつくり出そうとしている印象をもたせるのである。「やってはいけないこと」をわざとやり，「やらなければならないこと」をわざとやらないという，規範を逸脱するような行動スタイルが，その子どもの個人的な特徴として感じられ，「困った子」とか「悪い子」として周囲に理解されやすくなってくる。

　このような状態になったときには，悪いことを「悪い」として指摘し，叱ることだけでは問題がなかなか解決しなくなる。その子どもは「こういうことをすれば怒られる」ことはよくわかっていながら，でもそうせずにはいられない気持ちをもっているからである。なぜそうなってしまうのか，保育所や家庭，地域を含め，その子どものおかれている状況をあらためて理解し直してみる必

要がでてくる。そうすることで、「なぜこの子はこんなふうにするんだろう！」といういらだちや怒りの気持ちでみていたものが、「この子はこういうしんどさを抱えて生きているんだなあ」という共感をベースにもちつつ、対応できるようになるかもしれない。もしそういう気持ちがあれば、同じようにその子どもの行動を叱ったとしても、お互いの関係はそれ以前とはずいぶん違ったものになるだろう。

ここで保育者はまたその子どもが生きている状況や文脈に出会うのである。保育者がどれだけ豊かに子どもに接することができるかは、どれほど豊かにその状況や文脈を理解できるかにかかっている。保育者はどこまでも深まりと広がりをもつ、終わりのない出会いを子どもと続けていくことになるだろう。

2節 幼児と保育者との出会い

人間の一生には、それまで慣れ親しんだ環境から新しい環境へと入っていく時期がある。たとえば入園や入学、卒業や就職の時期がそうであり、結婚や子どもの誕生によっても新しい生活に入ることになる。このようなライフサイクルやライフコースのなかで生起する変化の過程を人生移行とよび、その時期を移行期とよんでいる（山本・Wappner, 1991）。

保育所や幼稚園への入園は、子どもにとっても親にとっても大きな意味をもつ移行期である（福田, 1991）。それまで家族のなかではぐくまれた子どもたちは、初めて家族以外の人たちによって構成される集団に入っていく。つまり社会への第一歩を踏み出すのである。

1——保育者は「テキ」か「ミカタ」か

保育の場では、親やきょうだいのような家族とは異なる人たちに出会う。自分のクラスの先生や他のクラスの先生、自分の親世代よりずっと年上の園長先生、自分のクラスの仲間、年長のお兄さんやお姉さん、そして年少の子どもや赤ちゃんなど。入園を機会に、子どもの対人関係は広がりをもつことになる。

子どもにとって、担任の保育者はどのような存在なのだろうか。保育者の年齢にもよるだろうが、お母さん（お父さん）的存在、あるいはお姉さん（お兄

さん）的存在といえるかもしれない。とはいえ、「センセイ」なる人物が敵なのか味方なのかは、保育所や幼稚園の生活が始まってみなければわからない。

　保育者としての筆者の体験から紹介しよう。新入園の4歳児が、初めておやつを食べた日のことである。1人の男児が牛乳の入ったコップをひっくり返し、そのままテーブルの下にもぐってしまった。周囲の子どもたちは「こぼれた！こぼれた！」と騒いでいる。筆者は流れた牛乳をふきんで拭うと、「大丈夫よ」とテーブルの下で泣いている男児に声をかけた。周囲の子どもたちは「怒らないの？」と驚いたような表情をした。こういう事態になれば、家庭ではきっと叱られるのだろう。まちがってこぼすことはあるし、こぼれたら拭けばよいことを教えた。何か起きたときの対処方法がわかれば、次には自分でなんとかするだろうと考えたからである。

　もう1つは、次のような体験である。入園後3週間ほどたったある日、おやつの時間に1人の男児がテーブルの上によじのぼった。それを見た数人が同じ行動にでたのである。園生活に慣れてきた証拠だろうと感じた筆者は、間接的に注意してみた。何人かはテーブルから降りたが、その男児は聞き入れるようすがない。そこできっぱりと制止したところ、男児はテーブルから降りた。後日、男児の母親が次のように話した。幼稚園のことが話題にでたとき、この男児は「センセイって怒るんだよ」と大発見したかのように話したという。

　このように、幼児たちは日々の生活をとおして保育者についての理解を広げたり、深めたりしていくと考えられる。

2——幼児が保育者に求めること

　そもそも、幼児は保育者に何を求めるのだろうか。ここでは、抵抗なく保育者に近づく幼児ではなく、自分を抑えてなかなか表わそうとしない幼児を例に考えてみよう。このような自己抑制タイプの子どもは、保育者のほうでも対応しにくい、あるいは指導がむずかしいと感じる（高濱，2001）。

　表3-1は、自己抑制タイプのあやこ（2年保育4歳児）と担任保育者（保育経験20年）の相互交渉を約1年間観察した結果である。この相互交渉はあやこが開始者になったものだけで、保育者が開始したものは除外した。平均観察時間は各月とも約4時間であるが、当初（9月）の相互交渉の生起頻度はきわ

めて少ない。その数少ない接近であやこが何を求めているかを見ると、非常に限定されている。「ほら…」とものを見せたり、「できない、やって」と依頼したりしている。ものを見せることは、保育者に承認を求めたと解釈することができ、「やって」は援助を求めていると解釈することができる。

表3-1 あやこが保育者に対して求める機能（高濱, 2001より改変）

	4 歳 児			5 歳 児	
時期	9月	11月	2月	5月	9月
相互交渉（頻度）	8	19	14	22	13
内訳（割合）					
承認	50.0%	47.4%	21.4%	36.4%	46.2%
援助	50.0	10.5	14.3	22.7	30.8
受容	0	10.5	28.6	31.8	15.4
情報	0	10.5	21.4	4.6	7.7
あそび	0	21.1	14.3	4.6	0

11月になるとその様相が一変し、保育者への要求が多様になる。甘えたり（受容を求めている）、「これなあに？」と聞いたり（情報を求めている）、保育者のあそびに仲間入りしたがったり（あそびを共有したい）する。つまり、保育者がどのようなことにも応じてくれる存在だと認識するようになったと考えられる。

2月には、保育者のひざにのったり背後からしがみついたりして身体接触を求めた。保育者は、あやこの甘えを全面的に受け入れている。そして「あやこのことがわかるようになった」と話している。お互いに関係が形成されたと確信をもった時期と考えてよいだろう。

5歳になると、あやこは保育者をじょうずに利用するようになった。自分ではうまくできないことを実現するために利用し、精神的な安定をはかるためのよりどころとして利用している。

3──保育者に求められる役割

幼児が他の子どもの行動に興味をもつと、みずから行動を起こすようになる。真似をしたり、「いっしょに遊ぼう」というつもりで相手にふれたり、引っぱったりする。「そのおもちゃを使いたい」といきなり取り上げたり、「ね、泣かないで」というつもりで叩いたりもする。このような場合、子どもの行為の善悪を判断して対処すると、子どもの「つもり」を見誤まることがある。

保育者の役割の1つには，幼児のつもりや意図を的確につかみ，相手の幼児に伝えるということがあげられよう。つまり，幼児と幼児を結びつける仲介役としての役割である。年少の幼児の場合には，言葉の不足を補いながら当事者と相手の気持ちやつもりを明確にすることも必要である。次に，保育者のそうした役割が示されている事例を紹介しよう。

> **事例　「いい子，いい子してあげて」（1～2歳児5月）**
>
> 　みつお（1歳4か月）とけいた（11か月）は近くでだれかが泣いているとじっと見つめ，笑いながら「ヒーン，ヒーン」と泣き真似をする。すると，真似をされた相手はいっそう激しく泣いてしまう。
> 　数日後，折り紙あそびをしていたさちこ（2歳3か月）が突然激しく泣き出した。それを見たみつおは，落ちていた紙飛行機を拾うとさちこに近づいた。そして，さちこのほうに「はい，はい」とその飛行機を何度も差し出した。しかし，さちこは泣き続けるばかりで反応がない。みつおは困った表情をして保育者のほうをふり返った。そして保育者に近づくと，「はい」と紙飛行機を差し出した。
> 　その1か月後のこと—みつお（1歳5か月）は泣き出した子どもに近づくと，ジーッと見つめている。それからその子どもを指さして，保育者のほうを見た。保育者が「いい子，いい子してあげて」というと，みつおはその子どもの頭をなでたのである。保育者が「みっくんはやさしいねー」というと，みつおはうれしそうな表情になった。
>
> （記録：花井聡子）

　保育所における子どもどうしのかかわりは，幅広い年齢間で起きることが特徴であろう。そうしたなかで起きる乳幼児の泣きは，周囲にいる者の不安をかきたてる。たとえ幼い子どもでも，なんとかしなければならないと感じるようだ。保育者や年長の幼児の行動をモデルとしながら，年少の幼児も泣きへの対処を身につけていく。
　みつおには自分が泣いたとき，保育者に頭をなでてもらったり，あやしてもらった経験があるのだろう。自分がしてもらったように，泣いている他の子どもにもやってあげた。記録者の花井によれば，みつおは17か月以降，泣いている子どもの頭をなでてなぐさめる行動をとるようになったという。この行動は保育者に承認されることで，いっそう強化されたと考えることができる。
　次は，3歳児のあそびに対する保育者のはたらきかけを示す事例である。3歳児のこの時期には，自分のやりたいことが明確になってくる。さらに他の子

どもへの関心もでてくるが、うまく相手に伝えられなかったり、伝えようとしなかったりする。この事例には、幼児の意図を探りながら、他の子どもとの接点を見いだそうとする保育者の試みが示されている。

事例　「この電車どこまで行きますか」（3歳児9月）

ひろし（3年保育3歳児）は、保育室の隅から箱積み木を運んできては並べている。近くにいた2人の男児がその積み木に腰かけるが、ひろしは気にするようすもなく積み木を並べる。そこへ保育者がやって来て、「あら長いねー、電車？」と聞くと、ひろしはうなずく。やがて、ひろしは並べた積み木の先頭部分にまたがる。それを見ていた幼児5〜6人が、次つぎにひろしのうしろにまたがる。そして、そのなかのひとりが「発車、オーライ！」と声をあげた。

突然ひろしが立ち上がり、後方にいる保育者に近づくと、「この電車100円だよ」という。すると保育者が、「じゃあ、みんなで100円のお金作ろうか」とその場にいる幼児たちに声をかけた。その言葉をきっかけに、たろうがお金を作りにいく。やがてたろうが、お金を手にもどってくる。たろうが「乗っていいですか」と聞くと、ひろしは「いいですよー。はい、どーぞ！」と答えた。そしてうしろをふり返ったひろしは、たろうに「はい！」とお金を返そうとするが、たろうは気づかない（…中略…）。

そこへ保育者が来てお金を差し出し、「うしろに乗ってもいいですか」とひろしに尋ねる。ひろしは「うん」と答え、近くにあったダンボール箱を引きよせてそのなかにお金を入れる。保育者の動きを見ていた幼児たちは、お金を作ってもってくる。そしてひろしに渡すと、次つぎに積み木にまたがる。ひろしはお金を受け取って箱のなかに入れる。

積み木に座った保育者が、「この電車、どこまで行きますか」と聞くが、ひろしは何も答えない。保育者は「次はーおおさかー。お降りの方はいませんか」と幼児たちに呼びかけた。数人が保育者の呼びかけに反応するが、先頭にいるひろしには聞こえないようだ。

（記録：渡辺里江）

保育者は、ひろしが何を考えているかを引き出そうとした。ひろしが電車を作っていることはとらえたが、それ以上はわからない。「この電車100円だよ」というひろしの発話は、他の子どもをどれだけ意識したものかも不明である。そこで保育者はお金作りを提案したが、それに反応を示したのはたろうだけであった。保育者はお客の役を引き受け、あそびへの参加のしかたや役割の演じかたのモデルを示していると考えられる。

運転手の役割をとっているものの、ひろしの意図はそれほどはっきりしていないと判断したのだろう。大阪行き（の電車）という保育者の意図を投げかけ、

ひろしの反応を探った。しかし，保育者の発話に反応したのはひろしではなく，その場に集まる他の子どものほうであった。保育者の援助が，幼児の不明瞭な意図を明確にし，さらに幼児どうしがかかわるきっかけをつくり出したといえるだろう。

　幼児どうしが関係を形成していく際，その調整役として果たす保育者の役割は大きい。あそびが幼児どうしを結びつけるとすれば，あそびに対する援助が幼児どうしの関係を育てていくことにもつながる。あそびの発達と仲間関係の発達とは表裏の関係にある（高濱，2001）のである。

4 ── 保育者と幼児の関係性

　最も身近な担任保育者を，幼児はどのようにとらえているのだろう。幼児一人ひとりにインタビューをすれば聞き出せそうだが，実際にはむずかしい。とはいえ，幼児による「保育者評」はちょっとしたきっかけで表出されることがある。次はそうした事例である。

　次の事例のあやこは自己抑制的な女児である。年長組の5月ごろには，保育者やごく親しい仲間には自分を出せるようになり，うまくいかないことがあったときには，保育者をじょうずに利用できるようになっていた。ちょうどその時期に観察されたエピソードである。

> **事例　「あの人は変な人」（5歳児5月）**
> 　他の子どもに呼ばれた保育者が，ブランコにのっているあやこたちに声をかけて通りすぎていった。その直後，あやこは「あの人，変な人なんだよー」と観察者（筆者）に話しかけてきた。
> 　観察者は「どんなふうに？」と尋ねた。するとあやこは「怒るの」と答えた。さらに観察者が「どんなときに怒るの？」と聞くと，あやこは次のように説明した。「他の人がまちがったことを（だれかが）笑うと，すごく怒るの。あとはかたづけしないで遊んでたとき。りえこちゃんたち，そうなって…。人が何かいうのに，まちがって笑うと怒るよ。年少さんのとき，ゆりこちゃんがなんとかなんとかまちがってゆって笑ったら，みんながすごく怒られた。あやこも怒られた。」

　このようすを保育者に伝えると，「あやこは公平にみているね」と語った。日ごろ保育者が重視していることをあやこがきちんと理解していること，さら

にあやこがそのような状況を的確にとらえ，しかも自分の行為を客観的にみていることにも驚いたというのである。

保育者が幼児に対する願いをもつように，幼児側でも保育者への思いをいだき，しかもかなり正確に保育者をとらえている。つまり，保育者と幼児との関係は双方向的に形成されていくと考えられる。その関係は，たとえば保育者とあやことの直接的なかかわりだけでなく，他の子どもと保育者とのかかわりをあやこが日常的に観察すること，つまり間接的なかかわりによっても構築されていくのである。

愛着理論（Bowlby, 1976）によれば，養育者（母親）との愛着の性質がその後の社会性や対人関係の発達に影響を及ぼすと予測された。多くの研究からこの予測を支持する結果が得られたが，乳児は父親や他の養育者を含む複数の人々に愛着を形成することも明らかにされた。女性の就労によって乳児保育が拡大されるにつれ，デイケアセンターの保育者と乳児との関係も検討されるようになった（Clarke-Stewart & Allhusen, 2002）。

ここでの関心は，親と保育者の愛着関係のうち，どちらが仲間関係における有能さに関係するかという点にあった。追跡的な研究の結果では，母親との愛着は仲間関係における有能さを予測せず，保育者との関係の質が仲間関係と関係した。すなわち保育者と安定した愛着関係にある幼児は，仲間関係においても有能さを示した（Howes, Hamilton, & Matheson, 1994；Howes, Matheson, & Hamilton, 1994）。これらの対象児たちを長期追跡した結果，小学校での友人関係や担任教師との関係は，就学前施設での仲間関係における有能さや保育者との愛着と関連があった（Howes et al., 1998）。

保育の場では，保育者が子どもどうしのかかわる環境を組織し，子どもどうしの関係を調整している。したがって，保育者との関係の質が仲間関係に影響することは，ある意味では当然かもしれない。保育の質にかかわる保育者側の要因としては，保育者の受けた教育と訓練の質（Calder, 2001）や保育経験（高濱，2001）もあげられている。

5——保育の評価

保育者はどのようなときに保育がうまくいったと感じ，どのようなときに保

育がうまくいかなかったと感じるのだろうか。保育の評価といえば、通常その日の保育のねらいに対して行なわれるが、ここでは保育者と幼児の関係という

表3-2　保育の評価についての分類基準一覧

		保育がうまくいったと感じるとき	保育がうまくいかなかったと感じるとき
(1) 幼児要因	幼児の充実感に関する内容	子どもたちが自分たちから「きょうは○○して楽しかった。あしたもしたいね」といったとき；子どもの反応やくふうがいろいろでてきて、子ども自身が充実していたようすが見られたときなど	子どもたちが楽しめなかったとき；一人ひとりの笑顔が見られなかったとき；けんかばかりしたり、あちこちで泣く子がいたり、あそびが散発的だったり、あちこちかじって遊んでいるようなときなど
	幼児の変化や成長に関する内容	うまく対応できない子どもに、初めて変化が現われたとき；その子どもが何かを一生懸命がんばってできるようになったとき；その子どもの新たな一面が見られたとき；子どもが変わったときや成長過程が見えたとき、かかわってよかったと思うなど	（言及なし）
	仲間関係に関する内容	同じ場に居あわせた子どもの発した言葉が、「それはよい考えだ」と他の子どもに受け入れられていくとき；けんかがあってもみんなで考えたり話し合ったりして、お互いがわかり合えたときなど	けんかがあったとき
	クラスのまとまりに関する内容	クラス全体が盛り上がったときなど	（言及なし）
(2) 保育者・幼児要因	保育者と幼児の意図の適合度に関する内容	1人でも2人でも、その子と心が通じ合ったという感触が得られたとき；その子に合った援助ができたとき；あそびに必要だろうと予測して準備したものが、子どものあそびに活かされていくときなど	私の思いと子どもの気持ちが合わなかったり、すれ違ったとき；私の都合や配慮不足で、子どものやっていることをうまく援助できなかったとき；私の意図であそびを引っぱりすぎたときは、こちらが抜けた後にあそびがこわれるが、それを見たとき；こちらの思いと子どもの思いがずれているのがわからなくて、他の人に指摘されたとき；グループのあそびの状態が散漫なのに、援助が空回りしてうまくいかないとき；子どもの状況も考えずに、自分のたてた計画通りにしてしまったときなど
	保育者と幼児の感情共有に関する内容	子どものさまざまな思いに、保育者としていっしょにふれることができたとき；心がほのぼのとするエピソードがあったとき；子どもの「おもしろかった」という声を聞き、私自身も楽しかったときなど	（言及なし）
(3) 保育者要因	指導計画と実際に関する内容	行事などをうまく達成したとき；一斉活動で、私の投げかけたことを子どもが喜んだときなど	子どもの要求を押し切って、こちらの予定や計画をさせたとき；時間配分がうまくいかず、途中であそびをやめさせたとき；十分な準備をしないで保育したとき（準備してもずれるときはあるが、「これが足りなかった」と次に活かせる）は評価や判断ができない；こちらの考えを一方的に子どもたちに言ってしまったときなど
	保育者の感情その他に関する内容	私が怒らないでやれたとき；子どもと接するときに、1日穏やかにやれたとき；叱ることなく、ほめて終わったときなど	子どもにけがをさせたときは後悔する；大声を出したり、叱ってばかりでほめなかったとき；自分自身の体調が悪かったときなど

第3章 保育者との出会い

側面から検討してみよう。

保育者の成長を明らかにするために，筆者が行なった面接調査を紹介する。保育経験年数の異なる現職の幼稚園教諭33名に対して，「今日の保育がうまくいったと感じるのはどういうときですか」と尋ね，次いで「今日の保育には悔いが残る（うまくいかなかった）と感じるのはどういうときですか」と尋ねた。保育者の回答は多様であったが，判断基準を幼児におく場合（幼児要因），保育者自身におく場合（保育者要因），そして保育者と幼児の両方におく場合（保育者・幼児要因）とに分類することができた。その分類基準を表3－2に，分類基準に基づいて回答を整理した結果を表3－3に示した。

表3-3　保育がうまくいったと感じるときとうまくいかなかったと感じるとき

うまくいったと感じるとき	経験2～4年群	経験5～10年群	経験11年以上群
幼児要因	14人（63.6%）	16人（69.6%）	13人（61.9%）
幼児の充実感	9	6	5
幼児の変化や成長	3	5	5
仲間関係	0	5	3
クラスのまとまり	2	0	0
保育者・幼児要因	4人（18.2%）	5人（21.7%）	8人（38.1%）
保育者と幼児の意図の適合度	2	3	3
保育者と幼児の感情の共有	2	2	5
保育者要因	4人（18.2%）	2人（8.7%）	－
指導計画と実際	2	0	0
保育者の感情ほか	2	2	0
合　計	22人（100.0%）	23人（100.0%）	21人（100.0%）
うまくいかなかったと感じるとき	経験2～4年群	経験5～10年群	経験11年以上群
幼児要因	4人（23.5%）	3人（15.0%）	1人（4.8%）
幼児の充実感	4	2	1
幼児の変化や成長	0	0	0
仲間関係	0	1	0
クラスのまとまり	0	0	0
保育者・幼児要因	7人（41.22%）	7人（35.0%）	15人（71.4%）
保育者と幼児の意図の適合度	7	7	15
保育者と幼児の感情の共有	0	0	0
保育者要因	6人（35.3%）	10人（50.0%）	5人（23.8%）
指導計画と実際	4	6	3
保育者の感情ほか	2	4	2
合　計	17人（100.0%）	20人（100.0%）	21人（100.0%）

注）回答は複数のカテゴリーに分類される内容を含んでいたため，各カテゴリーの頻度を合計すると各群の人数（11人）をこえる。

全体的な傾向として，肯定的な評価と否定的な評価の判断基準が異なることに気づく。肯定的評価は幼児要因に基づいてなされる場合が多く，否定的な評価は保育者・幼児要因に基づいて多くなされている。

保育経験年数によって3群に分けて比較すると，共通点と相違点が見いだせる。保育がうまくいったと感じるときでは，どの経験群でも6割強が幼児要因をあげている。一方保育がうまくいかなかったと感じるときでは，経験によってあげる要因が異なる。2～4年群の4割が保育者・幼児要因と保育者要因をあげ，5～10年群の5割が保育者要因をあげ，11年以上群の7割が保育者・幼児要因をあげている。うまくいったときにも，11年以上群では保育者・幼児要因をあげる者の割合が他の経験群より多かった。

以上から，経験がふえるにつれ保育者は自分自身の対応と幼児の反応とを同時に考慮に入れ，しかもそれらを照合しつつ保育を評価するようになると考えられる。したがって，保育者の対応と幼児の状態とをシステムとしてとらえていることが予測される。

6——保育者と幼児の共変化

最後に，保育者と幼児によって構成される保育システムについて取り上げる。たとえ保育者が経験豊富なベテランでも，入園当初の幼児との相互交渉は，それほどスムーズに進行しない。保育者はそれを強く意識するし，第三者としてその場に立ち会う観察者にも歯がゆいような感覚が残る。とはいえ，数か月の間にその相互交渉がスムーズになり，双方がフィットするようになる。観察者には，「先生も子どもも楽しそうだな」と感じられるようになる。

このような比較的短期間の変化を取り上げたデータを紹介しよう。高濱（2003）は，保育所の保育士と自己抑制的な4歳児のペア3組を，それぞれ1年間ずつ縦断的に観察した。3組のなかからようた（4歳3か月）と担任保育者（保育経験15年）の相互交渉を取り上げる。1年間に合計3セッションの観察が行なわれた。なお1セッションあたりの観察は週に2回，そして2か月間継続された。

幼児のあそびの状態と保育者の方略の関係を検討するため，次の分析カテゴリーを設定した。幼児のあそびは，状態A（何もしていない行動や傍観者的行

第3章 保育者との出会い

動),状態B（1人あそびや平行あそび），状態C（他の子どもとの社会的相互交渉）に分類した。保育者の方略は，介入（幼児の意図の実現や意図の制御などの直接的な方向づけをする），意図（幼児や仲間が何をしたいのか確認したり引き出したりする），意図＋介入（意図を確認した後，さらに方向づけをする）に分類した。

各セッションを3つの時期（序盤－1，中盤－2，終盤－3）にわけて図に示した（セッション3は省略）。図3－2をみると，セッション1とセッション2の保育者の方略はかなり異なる。セッション1では意図と介入を同程度用いているが，セッション2－1になると意図を多用している。これは，ようたの変化を受けた変化である可能性が高い。図3－3でようたの状態をみると，セッション1－3のようたのあそびはそれ以前とは異なり，状態Bが突出した

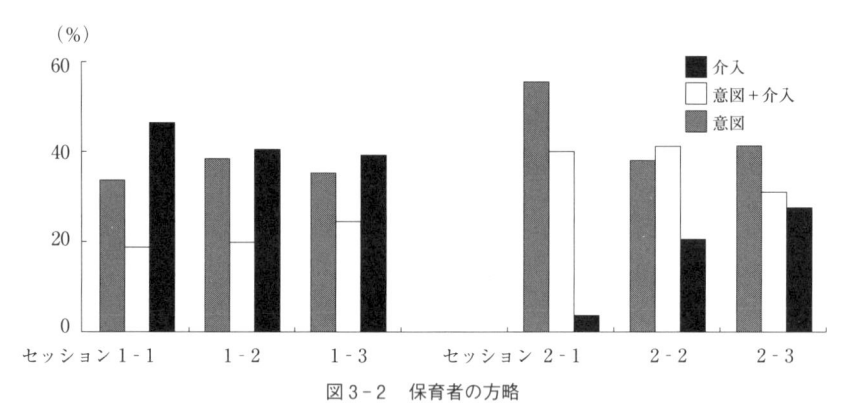

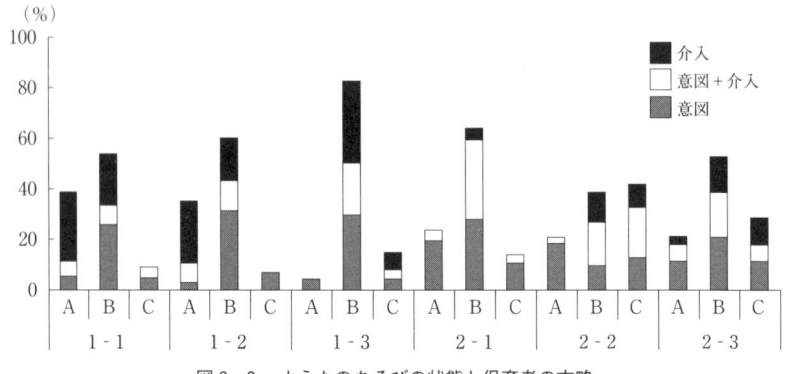

図3-2 保育者の方略

図3-3 ようたのあそびの状態と保育者の方略

状態になっている。これより以前は状態Aが4割前後を占め，あまり遊んでいないことがわかる。さらに，セッション1－1と1－2における状態Aの保育者の方略をみると，介入を多用している。これは状態Bで意図を多く使っているのとは対照的である。

保育者は，「最初のうち（ようた）は遊んでいなかったので，『これで遊ぶと楽しいよ』と思えるようにはたらきかけた」と話している。あそびに誘ったり，ようたがブランコに近づくと「ほら，あいた！」とけしかけたりした。これは状態Aを減らして状態Bを増やそうと試みている行動と考えられる。このような保育者のはたらきかけが，ようたの状態Bの増加に関係したと思われる。

この変化を受け，保育者は次の目標を設定した。「（ようたは）友だちのほうに自分から行けないので，『仲間に入れて』とか『貸して』と言えるようになってほしい」というのである。2－1では「子どもたちだけで遊んでいたので，（私は）抜けてみたが，長続きはしなかった」が，2－3では「子どもどうしの会話が始まったら，私は退いて，続くかどうか見ている。虫に関する話は長続きするのかな」と話した。そして「まわりの子どもたちがようたに関心を示すようになった」と仲間関係の変化を認識した。

時間経過とともに相互交渉がある構造をもつ方向へと変化する。この過程では，次のような保育者の言及があった。まず「ようたが変わってきたと思う」と，幼児の変化の認識が語られた。次いで「どういうときに調子を崩すかわかるようになった」と，幼児の行動に予測がつくようになった。そして「ようたのことがわかるようになった」という幼児理解の深まりについても言及された。

幼児の発達的変化は，幼児理解の枠組みの修正や変更を保育者にせまる。このような幼児や保育をとらえる枠組みの変容こそが，保育者としての成長を示すものなのである（高濱，2001）。

［付記］
　事例の一部は，2002年度椙山女学園大学人間関係学部卒業生の花井聡子さんと渡辺里江さんの観察記録に基づいている。記録の使用を快諾してくださったおふたりに感謝したい。

3節 外国人園児と保育者との出会い

1——異国の保育機関への入園

人・もの・情報の国境を越えた移動が容易になった1980年代以降，親の海外勤務や留学にともなって異文化で幼児期を過ごす子どもがふえてきた。日本の保育所や幼稚園に通う外国籍の幼児は，その代表例である。

(1) 二重の移行と適応

幼児が異文化の保育機関に入園することには，「新しい環境への移行」と「異文化への移行」という二重の移行が含まれる。日本人幼児が日本国内で初めて保育所や幼稚園に入園する場合をみると，入園には新しい場所や空間に馴れ（物理的環境への適応），見知らぬ保育者や大勢の同年齢児と関係をつくり（対人的環境への適応），園独自のルーティンやルールを獲得すること（社会文化的環境への適応）が含まれる（Wappner, 1978）。4歳女児の幼稚園への適応過程を分析した福田によれば，物理的環境と社会文化的環境への適応は入園初期になされるのに対して，対人的環境への適応は長期間にわたるという（福田，1991）。とくに一番時間がかかるのは同年齢児との関係づくりであるというが，入園とともに子ども自身が変化するだけでなく，関係そのものも変化するためであるらしい。

はたして，異国の保育機関に入園した幼児の場合も適応すべき側面は同じなのであろうか。アメリカのナーサリーに入園した3歳の日本人女児の事例研究によれば，①ナーサリーへの適応には，「新しい生活環境への適応」と「異なる言語や習慣への適応」の2側面がある，②後者への適応では，仲間が共有しているルールの内在化と意志伝達のための言語の獲得が不可欠であるという（河合，1987）。一方，日本の保育所や幼稚園に入園した外国人幼児の適応研究では，「日本語の獲得」「生活習慣の習得」「友達関係の形成」が主要な分析項目となっている（宮川，1989；宮川・中西，1994；柴山，1995, 2001, 2002；廿日出，1999など）。

以上の研究結果を整理すると，幼児が家庭から園へ移行する過程では，①国内外を問わず「物理的環境」「対人的環境」「社会文化的環境」の3つの環境へ

の適応が要請されること，②とくに異文化の保育機関に移行する場合には，社会文化的環境への適応に「新しい言語への適応」が加わること，がわかる。話し言葉としての現地語の習得は，園生活の習慣やあそびのルールを獲得する手段になるだけでなく，保育者や仲間との関係をつくる基盤にもなると予想される。

　本節では，3つの環境への適応のうち社会文化的環境への適応を取り上げ，とくに生活習慣と言語に焦点を当てたい。外国人幼児が保育者に誘導されつつ園生活の習慣と日本語に適応していく過程を，東京都内の公立保育所に入園した中国人・韓国人幼児の観察データに基づいてみていく。また本節では，適応過程を外国人園児が環境に自分をあわせていく一方向的な過程としてではなく，外国人園児と保育者との間で展開する双方向的な過程としてとらえる。

(2) フィールドワークの概要

　フィールドとしたB保育園は，1970年に開設され，0歳児クラスから5歳児クラスまでの6クラスをもつ公立の認可保育所である。同園の規模は区内の公立保育所では最大で，保護者の職業は自営業よりも外勤者が多い。同園は住宅・幼稚園・学校（小学校・中学校・大学）・児童遊園・寺社・商店に取り囲まれており，大学構内や神社は園児たちの格好の散歩場所となっている。B保育園では，基本的に年齢別クラス編成と複数担任制がとられているが，園行事や特例・延長保育（夕方5時以降の保育）では3～5歳児クラスの合同保育が行なわれている。筆者がフィールドワークを実施した当時の保育者数と園児数は，表3-4に示した通りで，観察対象とした外国人園児（いずれも留学生家族の子ども）は，表3-5の通りである。以下では，園児と保育者のプライバシーに配慮し，すべて仮名を使用する。

　データ収集法として，相互行為や行為者の発話・心理などに焦点を当てて

表3-4　B保育園の保育者数と園児数（柴山，2001より改変）

クラス	0歳児	1歳児	2歳児	3歳児	4歳児	5歳児	計(人)
保育者数	4	5	5	3	2	2	21
園児数	10	16	23	27	22	22	120
留学生の子ども数（内数）	0	0	2	2	2	1	7

＊保育者は全員女性　＊1997年3月現在

表3-5　対象児の所属クラス・国籍・入園年月・入園時年齢（柴山，2001より改変）

クラス	1995年度	1996年度
2歳児	アミ（韓国・女児） 　　4月入園・2歳1か月 大海（中国・男児） 　　9月入園・2歳7か月	サンハン（韓国・男児） 　　5月入園・2歳4か月 智志（中国・男児） 　　9月入園・2歳10か月
3歳児	ウリ（韓国・男児［アミの兄］） 　　4月入園・3歳7か月 陳正（中国・男児） 　　4月入園・3歳2か月	アミ 大海
4歳児		ウリ 陳正

　人々の日常世界を読み解く「マイクロ・エスノグラフィーの手法」を採用した（箕浦, 1999；柴山, 2006）。具体的な技法としては「参与観察」と「インタビュー」を併用したが, ビデオ撮影や録音が許可されなかったため, フィールドでは五感をとおして得たデータをメモに書きつけ, その直後に観察時間の2倍以上の時間をかけてそれらをフィールドノーツとして書き直すというやり方をとった（柴山, 1999）。また, フィールドでは, 幼児に話しかけられたときと幼児が危険に直面したときにのみ反応する「受動的参与」の立場（Spradley, 1980）をとり, 日常の保育の流れをできるだけ妨げずにデータをとるよう努めた。フィールドワークの期間は, 1995年10月から1997年3月までの1年半で, 午前中の自由あそびと食事の場面を中心に, 原則として2週間に1度定期的に観察した。

2──感受しつつ誘導する保育者

　保育所の生活習慣への適応には, 保育所の日常活動（食事・あそび・着替え・昼寝など）に必要な一連の行為を覚え, 自発的に行為できるようになることが含まれる。新入園児は, 外国人幼児・日本人幼児を問わず, 好き勝手に諸活動に参加することは認められず, ある行為が規制される一方で別の行為が促進されることを経験する。新入園児の行為を修正し必要な行為を教えるうえで中心的な役割を果たすのは担任保育者たちであるが, 園児の行為修正が頻発する代表的な活動が食事である。食事は活動の内容・方法・手順があらかじめ保育者によって決められた枠づけの強い活動であるため（Valsiner, 1987）, 行為修

正場面はその集団で習慣化され反復されている食事行為が顕現する場面となる。以下では，外国人園児がB保育園の生活習慣としての食事行為と日本語を習得するうえで保育者がどのような役割を担っているのかを，筆者自身の観察データに基づいて検討する。

(1) 文化的行為の誘導者としての保育者——大海の事例から

　大海は，1年前に来日した両親といっしょに暮らすために，2歳6か月のときに来日し，翌月，B保育園に入園した。大海は来日までの1年間，母方の祖父母に養育されており，中国では集団保育機関に通っていなかった。大海は，入園当初，年齢相当の中国語を話すことができたが，日本語はほとんど理解できなかった。

　入園直後の大海は，他の子どもが食事を始めた後も1人で遊び続け，自分から着席しようとはしなかった。入園前の大海は，遊びながら祖母に食べさせてもらうことが多く，着席して食事をとる経験がほとんどなかったという。保育者に連れられてようやく手を洗い着席しても，すぐに立ち上がって遊び出し，着席している間も主食や副食にはほとんど手をつけず，果物しか食べないことが多かった。こうした状態が入園2か月めまで続いた。

　入園2か月めから17か月めまでの食事で観察された大海と保育者との相互作用のうち，行為修正のために大海に向けられた保育者の発話を「行為規制」と「行為促進」を単位にして分析したのが表3－6である（食事の物理的環境については，図3－4を参照）。入園6か月めまでは，食事場所でないところで食べること（表中の「食事場所」をさす。以下，同様），食事中に立ち歩くこと（「立ち歩き」），手づかみで食べること（「手づかみ」），床に落ちたものを拾って食べること（「拾い食べ」）が規制された。一方，促進された行為を見ると，入園直後から食事の前後に手を洗うこと（「手洗い」と「食後清潔」），「いただきます」を言うこと（「あいさつ」），椅子に座って食べること（「着席」）が促進され始めた。6か月めには，テーブルにからだの正面を向けて座ること（「座り方」）とフォークを使って食べること（「フォーク使用」）が促進されているが，これは「立ち歩き」と「手づかみ」の規制と表裏一体の関係にある。

　3歳児クラスに進級した8か月め以降になると，食事中に歌うこと（「歌を歌う」）や他の子どもとコップをぶつけ合うこと（「道具使用法」）などが規制

第3章 保育者との出会い

表3-6 保育者による「行為規制」と「行為促進」―大海の場合（柴山，2001より改変） （回）

観察日	規制される行為									促進される行為												
	立ち歩き	食事場所	道具使用法	手づかみ	拾い食べ	歌を歌う	危険	食物場所	使用言葉	あいさつ	手洗い	食後清潔	摂食	着席	座り方	フォーク使用	器を持つ	手続き	食器かたづけ	私物管理	手伝い	単独排泄
2か月め(95.10.26)	1	1								1		1										
4か月め(95.12.7)*										1	2		1									
5か月め(96.1.31)*			2							1		2	2						1			
6か月め(96.2.14)				3	1					1	2		3	1	1	3						
8か月め(96.4.26)											1		1									
9か月め(96.5.20)					1	1				1			2	1								
10か月め(96.6.20)										1												
11か月め(96.7.18)			1			1							2				1					
12か月め(96.8.6)				2								1	10		1		1					
13か月め(96.9.3)			1							1			4	1				1				
14か月め(96.10.22)			2							1		1	1									
15か月め(96.11.19)+										2		3	1				2			2		
16か月め(96.12.17)								1				1	1						2			
17か月め(97.1.23)												1			2		1					

注）＊おやつ：95.12.7（15分間）・96.1.31（16分間）　＋混合保育

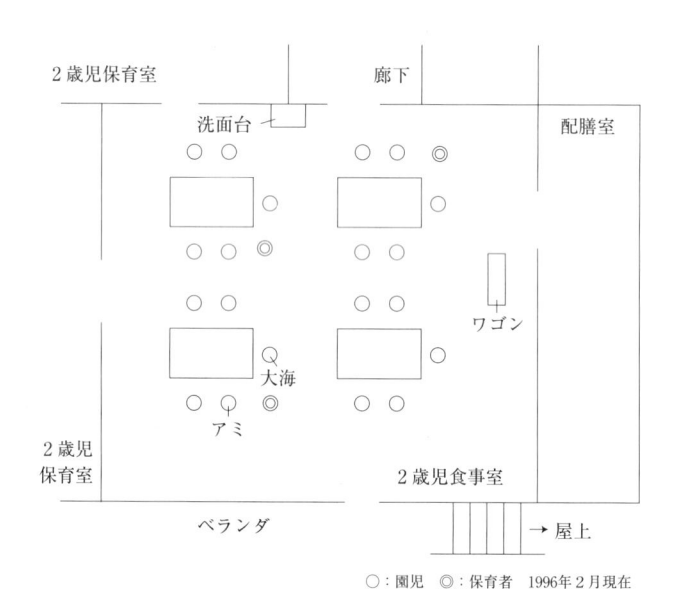

図3-4　B保育園2歳児クラスにおける食事の物理的環境（柴山，2001より改変）

○：園児　◎：保育者　1996年2月現在

され始めた。規制される行為が「どこで食べるか」に関する行為から「どのように食べるか」に関する行為へと比重が移っていることがわかる。一方，この時期になると，「手洗い」「着席」に加えて，食べること（「摂食」），左手で器を持つこと（「器を持つ」），麦茶のお代わりをするときに「お茶ください」と言うこと（「手続き」）などが促進され始めた。促進される行為の種類が「手洗い」「食後清潔」といった＜衛生＞に関する領域，「着席」「座り方」といった＜からだの定位＞に関する領域およびフォーク使用など＜道具使用＞に関する領域から，「器を持つ」「手続き」など食事中の＜マナー＞に関する領域と＜摂食＞に関する領域へと拡大していることがわかる。

　以上は，食事場面で大海に向けられた保育者の発話をその内容によって分類した結果であるが，発話数の多さと園児に対する強要度とは，必ずしも一致していないこともわかった。一例をあげれば，保育者は大海に「いただきますって言ってね」「食べてね」と頻繁に言っていたが，行為レベルでは，あいさつをしなくても食事を始めることができたし，大海に限らず園児にむりやり給食を全量食べさせることはなかった。その一方で，食前に手洗いをせず所定の椅子に座らない場合には，「手を洗って」「ちゃんと座って」と発話で規制／促進するだけでなく，実際に園児の手をとって手を洗い，園児の肩を押して着席させることもあった。また，食事開始後は，パンなどを除いては手づかみで食べることは認めず，園児にフォークを持たせてフォーク使用をうながすこともあった。とくに注目されるのは，床に落ちた食物・食具の使用の規制である。「食べないで」と発話で言うよりも早く，落下物を拾おうとする園児の手をつかみ，すぐに落下物を持ち去った。つまり，保育者が許容しない行為を規制する場合には，発話だけでなく手をつかむといった動作が園児の行為規制の手段として使用されていた。保育者が重視する行為ほど，園児の行為規制／行為促進において「発話＋動作」という複合手段が使用される傾向があった。

　以上の分析から，大海の食事行為は，まず食事前に手を洗い，所定の席に座ってフォークを使って食べること，すなわち＜衛生＞＜からだの定位＞＜道具使用＞の3領域に属する行為から規制と促進が開始され，それらの行為がある程度できるようになると，マナーに気をつけながらなるべく残さずに食事を食べること，すなわち＜マナー＞＜摂食＞の2領域に属する行為へと拡大されてい

くことがわかった。保育者はとくに＜衛生＞＜からだの定位＞＜道具使用＞の3領域を重視し，この3領域を園児が食事に参加するための基本領域とみなしていたと解釈できる。これは，B保育園2歳児クラスに入園したアミとサンハンの観察データでも確認された。

ただし，同じ2歳児で入園した3人でも，1つの行為形成に要する時間は異なっていた。アミとサンハンは，ひとたび注意されればすぐに行為を修正することが多かったが，大海は自分がそうしようと思わない場合には，保育者の指示通りにしないこともあって，保育者の行為規制／行為促進は長期間かつ広範囲に及んだ。食事行為の形成過程は，必ずしも園児の年齢や保育者の水路づけだけで決まるわけではなく，発達主体の活動への参加のしかたにも規定されることが示唆される。

一般に保育者は園児を誘導する立場にあるが，保育者は常に外国人園児を誘導するだけでなく，保育者自身も外国人園児と出会うことで，自分の解釈の枠組みがゆさぶられることを経験する。入園当初から担任チーフとして中心的に大海を保育してきた大山先生は，大海との出会いを次のように語っている。

> 大海ちゃんは，自分の気持ちを素直に表現する子だから，「昼寝しなさい」と言うと「大海ちゃんは昼寝したくない！ ヤダ，ヤダ！」と言って保母を叩くんです。（…中略…）大海ちゃんが私たちになじめないんじゃなくて，私たちのほうが大海ちゃんになじめないんじゃないかなって，そう思えるようになりました。その子その子の気持ちに添いながら認めていきながら，どう教えていけるかということだと思います。　　（大海入園8か月め）

大山先生は，自分を全部出して周囲の反応を見るという大海のやり方を，周囲の反応を見ながら小出しに自己表出をしがちな日本の幼児のやり方とは異なるものと受けとめていた。大山先生は，これまでうまく機能していた自分の誘導方法と大海の反応との間にズレを感じ，なぜズレを感じるのかを考え始めたという。大山先生の例は，外国人園児との出会いを契機として，保育者が自分の園児理解の枠組みを見つめ直し再構成した例といえるだろう。

幼児が身につけるべき食事行為の種類や守るべきルールは，保育所と家庭とでは必ずしも同じではない（外山・無藤，1990）。大海が保育者との相互行為のなかで食事行為を形成していった過程は，大海がB保育園の食事に必要な一連の諸行為を獲得していった個人的な過程であっただけでなく，一定の時間内

に20人余の2歳児が1人で食事をするという活動を共同で遂行していった集合的な過程でもあった。大海にとって保育者は，大海が一人食べができるよう，大海の行為発達を支援する介助者であったと同時に，大海の食事習慣を保育所の共食活動に適切なものに組織化する文化的エージェントでもあった。

(2) 日本語発話形成の支援者としての保育者——サンハンの事例から

サンハンは韓国人男児で，来日後1年間は家庭で保育され，来日2年めにB保育園に入園した。家庭での父母との会話は韓国語であるが，幼児向けテレビ番組の視聴をとおして日本語にふれていたことが母親から報告されている。

B保育園2歳児クラスの自由あそびは，時間的・空間的・道具的に一定の制約があるものの，その制約の範囲内では，園児は自分の好きなあそびを見つけて自由に遊ぶことができる。自由に遊べることには，保育者や園児の日本語発話に自由に接近できることも含まれる。保育者と園児は，日本語会話の習熟度が異なる話し手であるため，保育所は外国人幼児にとって，同年齢児の日本語と成人の日本語の両方が聴取可能な環境となっている。

入園直後のサンハンは，不安気に保育者のそばにいるというようすはほとんど見られず，すでにあそびを開始している園児に自分から近づいて，園児たちの行為や発話を模倣し始めた。箱ブランコに乗っていた女児が「降ります」と言いながらブランコを降りると，サンハンも「降ります」と言いながらブランコを降りた。別の女児が窓の外にいる保育者に「はい，どーぞ」と言ってブロックを渡すのを見ると，サンハンも「はい，どーぞ」と言って同種のブロックを手渡すなど，自分の関心に合った他の子どもの行為と発話をまるごと借用して，自分のからだと声で再生する姿が頻繁に観察された。同年齢児があそびや食事という活動に従事しながら発する日本語は，サンハンにとって，どのような状況のときにどのような発話を言えばよいのかを知る資源になっていたものと思われる。

一方，保育者の日本語発話は，サンハンの日本語習得にとってどのような機能を果たしていたのであろうか。以下の観察データは，外国人園児の日本語習得における保育者の役割を考える手がかりを与えてくれる。

事例　サンハンの意味理解を知るエピソード（2歳児6月）

サンハンは手洗いをすませた後，着席した。サンハンのテーブルには，サン

第**3**章　保育者との出会い

> ハンのほかに男児1人と女児4人が着席した。春野先生は「はい，どーぞ」と言いながら，サラダの入った皿を配膳した。
>
> 　春野先生：「今日どう？」
> 　アキオ：サラダを少し食べて「ちょっぴりすっぱい」
> 　サンハン：「すっぱい…」小さな声で言う。
> 　　　　　　　　　　（…中略…）
> 　ミユキ：「パン食べてるの」隣に座って食事の介助をしている春野先生に
> 　　　　　言う。
> 　サンハン：食パンを一口食べて「パン，すっぱい」
> 　春野先生：「パンはすっぱくないでしょ？　甘い？」
> 　サンハン：黙ってパンを食べる。
> 　　　　　　　　　　（…中略…）
> 　25分後，サンハンと同じテーブルの園児が必要量を食べた時点で，春野先生はキウイフルーツを1切れずつ各自の皿にのせた。
> 　サンハン：皿にのったキウイフルーツを春野先生に見せる。
> 　春野先生：「どーぞ」
> 　サンハン：左手に持ってキウイフルーツを食べ始める。
> 　　　　　　「すっぱい…」
> 　春野先生：「そう，それはすっぱい！」
> 　サンハン：ニコッと笑い，キウイフルーツを食べる。

　サンハンはアキオの「すっぱい」という音声を自分の声ですぐに再生し，「パン，すっぱい」という自分の発話として表出したが，春野先生の否定的反応から音声と意味の照応が失敗したことを知る。25分後，今度は「（キウイフルーツ）すっぱい」という発話で試したところ，春野先生の肯定的反応から音声と意味の照応が成功したことを知る。このエピソードからサンハンは，①意味がわからなくても発話の形式を自分の声で試していること，②「すっぱい」という発話は，「味を覚える」というからだをとおした意味探索をともなって試されていること，③保育者の発話を聞き反応を見ながら「すっぱい」の意味を確定していること，がわかる。サンハンの事例は，日本語発話の習得はまず＜発話形式＞の再生から始まり，その形式を試用する過程で＜発話の意味＞が確定されていくことを示している。「すっぱい」という発話の意味は，あらかじめ話し手に了解されていたり発話に内蔵されたりしているのではなく，他者との対話的相互作用過程で発見され共有されているのであり，保育者はサンハンにとって，最も有能な意味の共同探索者であったといえる。

3——文化間移動をする幼児への発達支援

(1) 二重の規準を生きる

　幼児期は基本的生活習慣を獲得する重要な時期であるが，日本人園児の場合でも，家庭で形成される行為と保育所で形成される行為は重なりをもちながらも部分的には異なることがある。食事行為を例にとれば，「食事の前に手を洗う」「箸を正しく持って食べる」「ひじをつかない」「左手で器を持つ／左手を器に添える」などの食事行為は，家庭でも保育所でも共通に見られるものである。その一方で，保育所では床に落とした食物を食べることはきびしく禁止されるが，家庭では清掃状態や食物の貴重さなどによって臨機応変に判断されるなど，特定の行為に対する許容度には違いがみられる。保育者が落下物の飲食をきびしく禁止するのは，保育者全員が個人的にきれい好きだからというよりも，良好な衛生状態の維持という保育制度からの要請が保育者の誘導過程を拘束しているためだと思われる。

　これに対して，外国人園児の場合には，家庭と保育所で基本的行為とされる行為そのものや同一行為に対する評価が異なることがある。養育者がどの行為を制限しどの行為を助長するかは，その社会で共有されている理想像との関係で決まるからである。B保育園2歳児クラスに入園した韓国人女児のアミは，筆者の観察開始時点で，食事の前に手を洗い，椅子に座りフォークを使って食事ができたことから，保育者による行為規制は大海に比べると格段に少なかったが，左手で器を持つよう促進されていた。日本では「器を持って食べること」が正しい作法であるが，韓国では「器を持たずに食べること」が正しい作法とされている。したがって，アミは，「器を持つ／持たない」という食事行為をめぐって，保育所と家で正反対の行為が促進されていたものと予想される。

　保育者に求められるのは，外国人園児が家庭で規制あるいは促進されている行為の内容を具体的に把握することであろう。2歳児がフォークを使わずに直接右手で食事を食べることは，日本の保育者にとっては行儀が悪い「手づかみ」と映るが，インドの人々にとっては正しい食事作法なのである。園児が二重の規準の間で混乱するような場合には，保護者とも相談のうえで，母国の食事行為の形成を尊重するなどの調整が必要となるかもしれない。

(2) 2つの発話を育てる

　保育所は，外国人園児にとって，同年齢児と大人が話す日本語を文脈のなかで学習することを容易にする日本語環境となっていたが，2歳児以上の場合，すでに母語を話せる状態で日本語環境に入ってくる園児が多い。筆者が調べた事例の範囲では，2歳児でも日本語と母語との違いに気づいており，3歳児になると「日本語」「中国語」というようにカテゴリーで2つの言語を認知していた（柴山，1996）。これは，日本語をただ1つの「ふつうの言葉」として認知していた日本人園児との違いであった。それだけでなく，中国系・韓国系の園児たちは，保育所で不用意に母語を話そうとはしなかった。その一方で，予備調査をした別の公立保育所に入園した2歳児（アメリカ人の父親と日本人の母親をもつ男児）は，担任保育者がある程度英語を話せたこともあり，入園当初，保育所でも英語で意志伝達をしたりひとりごとを言ったりしていた。保育所での外国人園児の母語使用を左右する要因（たとえば母語の種類，保育者の当該言語の理解度，母語話者の数，所属クラスなど）についてはまだ解明されていないが，多様な背景をもつ幼児の実例に則して，今後明らかにしていく必要があるだろう。

　保育者に求められるのは，外国人園児たちは自分が2つの発話をもつことを意識したうえで，保育所では日本語だけを選択的に使用していることを理解することである。とくに外見的な特徴が日本人園児ときわめて近い東アジア系の園児の場合，保育所で母語を話さないことで，幼児にとって差異認識の手がかりとなる発話の違い（Aboud，1988）が見えにくくなり，保育者も日本人園児も彼／彼女らが日本語で自己表現や対話ができないことを忘れがちである（柴山，2002）。したがって，東アジア系の園児に対しては，とくに入園初期には対話の手段をもたないことによるストレスを抱えていること，ストレスの発現のしかたは園児によって異なることを理解する必要があるだろう。一方，髪の毛や肌の色といった外見の違いが見えやすい園児の場合には，日本人園児が否定的な態度をとらないよう，保育者の適切な介入が求められる（佐藤，2003）。さらに幼児期に言語の基盤をつくることの重要性を理解し，保護者とも相談のうえで，母語あるいは日本語で（場合によっては二言語で）園児の言葉を育てていく支援をしていくことも必要である（柴山・柏崎，2002）。

4節 保育者と保育の出会い

　保育者が園に入り，保育と出会ったときから，保育者としての成長が始まる。保育者が保育と出会い，一番とまどう点は「遊びを通しての指導」であろう。幼稚園教育要領の総則には，「幼児の自発的な活動としての遊びは，心身の調和のとれた発達の基礎を培う重要な学習であることを考慮して，遊びを通しての指導を中心として」教育するとしるされている。その際に「幼児の主体的な活動が確保されるよう，幼児一人一人の行動の理解と予想に基づき，計画的に環境を構成しなければならない」としている。幼児の主体的な活動を確保し，あそびをとおして指導していくことが幼稚園教育の大きなねらいの1つなのだ。しかし，よくよく考えてみると，「遊びを通しての指導」というのはなかなかむずかしいことがわかる。あそびを主体的活動として確保するためには，子どもの活動を受け入れ認めていくことが重要となるし，指導するためには，保育者側の意図を強く押し出していく場面も想定できる。「遊びを通しての指導」には，「受け入れ認める」ことと，「教え導く」ことが同時に含まれているのだ。そのために，保育者には指導しつつ受け入れることと受け入れつつ指導するという両義的な対応が求められることになる。保育者が保育と出会い，専門性を高めていくために大事な指導法の1つは，両義的な対応ができるようになること（鯨岡，1998）である。そのためには，子ども個々との関係のなかにある自分自身がみえてくることが必要である。

　では，このような専門性はどのようなプロセスを経て獲得していくものなのだろうか。保育経験を積み，さまざまな子どもと出会うことは，もちろんたいせつだが，自分の保育をふり返る機会がなければ，子どもとの関係のなかにある自分をとらえていくことはなかなかむずかしい。子どもと向き合う実践の渦中では，即座の応答が迫られ，自分の行為をその場で意識したり相対化することはむずかしい（村井，2001）。しかし，保育という営みが保育者の価値と無関係に存在しない（戸田，1999）以上，保育者が自分のもっている価値観に気づくようなふり返りの機会が必要となる。

　自分の保育をふり返るために，保育のあとに自分で記録を書き留めることも役に立つだろう。保育のなかで生じたいろいろなできごとの実際，それに対し

ての自分の解釈やそのときにとった自分の手だてを，区別して書いていくうちに，保育のなかにもち込んでいる自分の価値観に気づくことができる。そして，子どもとのかかわりのなかで必要となる自分の役割について，深く考えめぐらすことができる。

　ケースカンファレンスによっても，自分の保育をふり返る機会は与えられる。カンファレンスの目的は，検討する事例に対して何が正しいかとか，まちがっているかといった，1つの意見に集約することをめざしているのではない。多義的な保育に対して多様な意見をつきあわせて，おのおのが自分の保育を再構築していく（森上，2000）ことにある。本研究では，ある幼稚園のフィールドワークから，保育者がケースカンファレンスをとおして保育をどのように構築していったのかを検討する。

1──フィールドの特徴

　フィールドの対象とした幼稚園は，都市近郊の公立幼稚園である。特徴的なのは，小学校の教員が3年間だけ幼稚園の保育者を経験して，また小学校にもどっていく点である。本節では，小学校教員が幼稚園の保育と出会い，保育者として経験を積むプロセスをフィールドワークした。3歳児から5歳児クラスまで1クラスずつあり，小学校教員のほか，非常勤の保育者が1人ないし2人補助に入っている。1クラスあたりの幼児数は，およそ30人である。小学校教員の教員歴は，約10年であった。フィールドへのかかわり方は1年めと2年めでは異なる。1年めは，特定のクラスの観察，保育者への聞き取り調査を1人ないし2人で行なった。2年めはケースカンファレンスを導入した。対象クラスの保育をビデオで記録にとり，保育後にベテランのもと保育者をまじえ，全クラスの保育者と討議を行なった。ケースカンファレンス以外に，長期休暇には指導計画の見直しを中心とした研修を行なった。ケースカンファレンスおよび研修の目的は，「幼児の主体的な活動をつくり出すための環境構成と教師のかかわり」であった。保育者には，主体的に遊んでいる子どもとそうでない子どもをおのおの1人ずつ選んでもらった。園で生活する子どもの実態を把握するために，その抽出児を1年間追っていくことも同時に行なった。

2 ── 子どもと出会う前の不安

　小学校から幼稚園に移ってきたばかりの保育者に，現在の保育に対する不安をインタビューしたところ，下記のようなコメントが得られた。
- 自由保育と一斉保育があると聞いている。学校は一斉のものが多いし，自分の幼稚園経験も一斉だった。
- 生活科と似ているところがあると思うが，生活科は指導しないわけではない。一斉に集めて指導する場面もある。
- 自由な場面では，何も教えなくてよいのか。ルールはないのか，限定してはいけないのか。どこまで口を出してよいのか，出せるのか。

　これらのコメントから理解できることは，保育を「一斉」と「自由」と二分法的にとらえているということだ。自由の対極にあるものとして，「一斉」をおくことによって，あそび場面の対極にあるものが指導場面となり，ともすれば放任と指導という図式になってしまう。このような二分法的な保育に対するとらえは，「遊びを通して指導する」ことをイメージするのをむずかしくさせる。二分法的なとらえをもって保育と出会ったときに，どのような困難や問題に出会い，両義的な対応の重要性に気づいていくのだろうか。

3 ── 保育と出会ったころのジレンマ

　4月から初めて保育の場に入り，実際に保育と出会った保育者は，7月ごろ次のような感想をもった。「子どものあそびはとりとめもないもの」「ものと場さえあれば，子どもは遊ぶ」「毎日毎日砂場へ行って，同じようなことをしている気がする。何も指導しなくてよいのだろうか」と子どものあそびを表面的にとらえた感想をもち，子どもがあそびのなかで何を経験しているのかを把握するまでにはいたってなかった。また，ある研修会に参加し，そこで展開されている議論を聞いて，「子どもの気持ちをたいせつにすることは，何かを教えてはいけない，ということなのか。教えることは，子どもの自主性を奪うことになってしまうのか」と，とまどいを感じていた。

　このとまどいの源は，保育者として子どもと遊ぶ場を共有しながら，子どもたちを「教え導く」役割が封印されてしまっていると感じたところにある。保

育を自由か一斉か，あそびか指導かと二分法的にとらえている限り，自発的に展開しているあそびに，保育者が関与する余地がない，ということになってしまう。しかし，この状況を保育者はよしと思っていたわけではなく，ジレンマを感じていたことが保育者のコメントからわかる。

　保育者と子どもの間には，そのときそのときに応じて，相互的で多様な関係が形成されるはずである。時には保育者が子どもを全面的に受け入れる，時には保育者が自分の意図を強く押し出していく場合がある。ところが子どもたちが遊んでいる場面で，保育者が受け身の役割を固定化されてしまったように感じるとき，保育者自身の主体が崩壊していくような感覚に陥り，身動きがとれなくなってしまうのかもしれない。保育に出会ったころの保育者（小学校教員）はまさにこの状況だったのだろう。そこで，保育者，筆者，外部の中堅保育者と相談して，ケースカンファレンスを毎月開くことにした。その際，もとベテラン保育者を招くこととなった。

4──ケースカンファレンスをとおして保育と再び出会う

　ケースカンファレンスでは，対象となったクラスの子どもたちのあそびと抽出児についてを主な題材とした。保育者は，カンファレンスまでの抽出児のようすと教師の手だてについて整理した資料を用意した。ここでは，ケースカンファレンスで議論された内容を子どものあそびをめぐるものと，抽出児をめぐるものに分けてしるす。

(1) 子どものあそびをめぐる議論

　2年めの5月に実施した最初のケースカンファレンスでは，5歳児クラスが対象であった。リレーや玉入りなどが取り入れられた「運動会ごっこ」では，リレーの順番，勝敗，玉入れのルールなどをめぐるトラブルが多発し，その解決のために多くの時間が割かれた。端からみて，子どもたちのようすは不完全燃焼気味であり，保育者も同様に感じていたようだった。担任保育者は，ケースカンファレンスのなかで，保育をふり返り，「今日のあそびは主体性が発揮できるようなあそびではなかった」とコメントした。

　この保育者のコメントは，あそびの種類によって，主体性を発揮できるものとできないものがある，と聞こえる。運動会ごっこはだめで，おままごとなら

よいのか，とも受けとめられる。その結果，今日の保育はあそびの選択の失敗ということで議論が終わりかねない状況を生んだ。そのときもとベテラン保育者が「それでは，今日のあそびをどのようにしていけば，主体性が発揮できるあそびになったのでしょうか。考えてみましょう」という問いかけを行なった。この問いかけにより，子どもたちが自発的に展開している「あそび」に対して，保育者の積極的な関与の可能性が示唆された。子どものあそびと保育者の指導が対極にあるものではなく，あそびを主体的な活動にするために保育者の役割があること，主体的な活動は保育者の指導を内包していることが，ケースカンファレンスの参加者たちには理解することができたのだ。そして，それ以降のケースカンファレンスでは，保育者がたてたねらいに基づいてあそびを見つめ直すこと，遊んでいる子どもの実態についてとらえていくことが中心となった。次にケースカンファレンスで取り上げられた2つの事例をしるす。

①**子どもたちが楽しそうにあそびに取り組んでいる場面**

6月の4歳児クラスを対象に行なわれたケースカンファレンスでは，次のようにたくさんの子どもが1つのあそびに楽しそうにかかわっている事例が提出され，議論が展開した。ここでは，おもに遊んでいる子どもの実態をめぐる議論に着目する。

> **事例　お風呂づくり（4歳児6月）**
> 　子どもたちは牛乳パックをつなげた枠をお風呂に見たてて，そのなかに新聞紙をちぎって入れていた。たくさんの子どもが参加し，おしゃべりを楽しみながら，新聞紙をちぎって入れていた。新聞紙でいっぱいになると，子どもたちはそのなかに入るが，すぐにかたづけになる。子どもたちはお風呂に入ることには未練がなく，かたづけを始める。

　二分法的にあそびをとらえていたころは，このようなあそびを「子どもたちが楽しそうに遊んでいた」という感想で終わりにしてしまっていたかもしれない。しかし，このときのケースカンファレンスでは，子どもたちがこのあそびで「何を楽しんでいたのか」を中心に話し合われた。話し合いの内容を整理すると，表3-7のようになる。

　子どもがあそびのなかで，「何を楽しんでいたのか」と子どもの実態についてとらえていくことで，そのときの保育者としてのかかわりの可能性や，今後

表3-7　6月のケースカンファレンス

とらえられた子どもの姿と解釈	考えられる教師の手だて
・お風呂のなかに入るというお風呂ごっこをするよりも、新聞紙を切り裂くことを楽しんでいたようだ→子どもたちは新聞紙を裂くような手指を使ったあそびを求めている可能性が考えられる。	・新聞紙をもっと追加してもよかったかもしれない。 ・手指を使ったあそびを十分に楽しませるために、次の保育として粘土を使った活動を取り入れることも考えられる。
・お風呂づくりに多くの子どもがかかわることができた→このあそびが子どもたちにとってわかりやすく、イメージを共有しやすいという特徴をもっていたからではないか。	・お風呂づくりの場面では、より多くの子どもが参加しやすいように、お風呂のまわりの空間をもっと広げることも考えられる。今後もこうした特徴をもつあそびを取り入れていくことが、いまのこの子どもたちには必要なのではないか。

の保育へとつながっていく活動について考えをめぐらすことができる。このような話し合いを経ることで、保育者は子どもとの関係のなかでの自分の役割について考えるようになっていったようだ。ケースカンファレンス後に、担任保育者は、自分の保育をふり返り「子どもたちがあそびを進めていると安心してしまい、観察するだけになってしまい、積極的に支援していなかったように思う」と子どもが展開しているあそびに対する自分のかかわり方について反省するコメントをしていた。

②一斉的な活動のなかの話し合い場面

2学期になると、一斉的な活動における保育者のかかわり方も問題とされるようになった。9月には、次のような事例が観察され、ケースカンファレンスで議論された。

事例　宝探しゲーム（5歳児9月）

クラスの子どもたちが、冒険チームとお化けチームに分かれて宝探しゲームをしている。お化けチームの子どもたちは、冒険チームの子どもたちをどのようにしておどかすかを最初に話し合った。お化けチームの子どもたちの用意する内容が決まり、おのおのが準備を始めた。

しばらくして、冒険チームにどうやって宝を渡すのかが一部の子どもたちの間で問題となり、保育者がお化けチームの子どもたちをみんな集めて、話し合いとなった。冒険チームに宝を渡したくないと主張する子どもがいたが、保育者やまわりの子どもがその子どもを説得した。次に、どのような手続きを踏んで、宝を渡していくのかを決めることとなった。いろいろな案がでて、なかなか決まらなかった。でてきた案のなかには、とうてい宝を渡すまでにいたらな

いような案もでた。長い間話し合いは続き，冒険チームからせかされることもあった。途中で，自分の意見が通らずに泣く子どもも現われた。ようやく決まり，ゲームが始まった。

表3-8　9月のケースカンファレンス

とらえられた子どもの姿と解釈	考えられる教師の手だて
・話し合いが何度もあり，子どもたちは途中で話し合いに積極的にかかわらなくなっていった→話し合いの内容に対して，関心が持続しなかったのではないか。	・保育者が，子ども個々に自由に任せることと，話し合いのなかで決定していくことをあらかじめ考えておくことが必要だったのではないか。 ・場合によっては，保育者が子どもの意見を引っぱる形の解決案の提示のしかたもあるのではないか。
・話し合いは長かったが，このあそび自体には，子どもたちは最後まで積極的に参加していた→おのおのの役割を意識していたために目的をはっきりもってあそびに参加していたのではないか。そのことが，子どもがあそびのなかでどのように動けばよいかを自分で考えることを可能にしたのではないだろうか。	・子どもが主体的にあそびにかかわっていくために，あそびのなかで自分の役割を明確にとらえられるような援助のしかたが必要ではないか。

　この事例では，話し合いが長時間にわたってくり返されたが，子どもは宝探しゲームに最後まで喜んで参加していた。それだけ，子どもにとって楽しいあそびだったのだということがわかった。しかし，子どもたちが話し合いの間集中していなかったことは確かであった。保育者は子どもたちが出してくる意見を尊重したいが，それではゲームがうまく運ばないという葛藤を抱えて，話し合いに参加していたようだ。ケースカンファレンスでは，表3-8のような内容を中心に議論を展開した。

　このカンファレンスを通じて，保育者は一斉的な活動のなかにも子どもの主体的な活動を受け入れつつ指導していく部分と，指導しつつ受け入れていく部分があり，両義的な対応の必要性を悟った。また，同時に，子どもとのかかわりのなかで，どちらの部分を強く押し出していくのかを決めるための判断材料として，保育者の保育のねらいが重要であると意識したようだった。保育者は，この日の保育をふり返り，主体的な活動を展開していくには，「教師も子どもたちも目的意識をもつことが重要」とコメントしていた。

　このあとのケースカンファレンスでも，あそびのとらえ方については，毎回取り上げられた。保育者のねらいと子どもの動きとのつながり，展開している

あそびのなかで子ども何を楽しんでいるのか，展開しているあそびはどのような特徴をもっていたのか，などが議論の中心となった。そして，子どもたちのあそびを受け入れながら，子どもの自由感をそこなわずに保育者が何を教え導くことができるのかについて，話し合われた。

③あそびのとらえ方の変容

このような議論を経ていくなかで，保育者のあそびのとらえ方が変わってきた。子どものあそびの実態，それについての自分の解釈と解釈に基づいたかかわり方について記述し，それをカンファレンスの資料として提示するようになった。また，カンファレンスをしていくなかで，子どものあそび，子ども自身の姿をとらえることの重要性と同時に，保育者自身が子どもを教え導くために必要な力を高めていくことの重要性についても，コメントしていた。そして，卒園式を経たあとでは，「卒園式の練習の場面で，人の話を聞けない子，じっとしていられない子など，いろいろな課題を子ども個々に見いだしたとき，あそびのなかでもっと育ててあげればよかったと思った」とコメントした。いろいろな場面から子どもの実態をとらえることの必要性，そしてあそびをとおして指導することの重要性についての認識がうかがえた。

子どもへの対応について二分法的にとらえていた保育者が，実際に保育と出会い，子どもたちとかかわっていくなかで，そのとらえにジレンマを感じるようになっていった。そして，ケースカンファレンスを通じて，あそびの特徴やそこでの子どもの実態について話し合い，自分のもっていた二分法的な価値観の問題に気づき，しだいに両義的な対応の必要性に気づいていくようになっていったのである。

(2) 抽出児をめぐる議論

ここでは，5歳児クラスの抽出児に対する保育者のとらえを中心に述べる。

①主体的に遊べるとは

5月当初に主体的に遊べる幼児として抽出した理由についてあげてもらうと，「1人で動けてあそびに積極的にかかわるから」というコメントが返ってきた。自分からあそびを見つけられる子ども，つまり，保育者の援助がいらない子どもを取り上げて，主体的に遊べる子どもとしていた。

抽出した子どもについて，5月のケースカンファレンスのなかで検討してい

くと，自分からあそびを見つけられるが，実はいろいろなあそびを転々としていたり，あそびのなかで他の子どもに対して支配的にふるまっていたり，自分の意見が通らないとあそびを変えていく子どもの実態が，浮かび上がってきた。抽出した子どもは自発的にものごとに取り組める子どもであり，その点では保育者の援助はあまり必要としないのかもしれない。しかし，実際のあそびのなかの子どもの実態を詳しく検討していくと，あそびを十分に楽しんでいるようすがみえてこなかった。このことから，あそびに主体的に取り組んでいる姿とは違うのではないか，ということが議論された。

②保育者の役割への気づき

　1学期の保育をふり返ったところで，保育者は主体的にあそびに取り組めるとした子どもに対して，「ちまちましたあそびは楽しめていなかった。やりたいことが見つからないのかもしれない。からだをもっと動かすことがしたくて，そうした活動のほうが主体的に動けるのではないだろうか。1学期は，保育者が主体性を十分に引き出してあげられなかったのかもしれない」とコメントした。主体的にあそびに取り組むためには，そのための環境を整えてあげることが必要であり，それが保育者の役割であるという気づきがみられた。2学期になると，「主体的に遊べるとした抽出児に対して，目的をもって保育するようにした」とコメントし，具体的には，「やったーという達成感をもてるようにし，運動あそびを取り入れるようにした」と述べている。抽出児の実態を把握しつつ，具体的な指導の方法を考慮している。

　2学期の後半になると，抽出児に対して，「自分の考えで行動したこと，自分の力でよくがんばったことなどを認め，他の幼児に紹介したり，ほめたりしながら，自信をもたせていきたい。また，抽出児が周囲の幼児に対して配慮している姿を認め，今後も集団に積極的にかかわっていく態度を育てたい」とコメントしている。保育者が育てたいと思っていること，そのために保育者とのかかわりのなかでどのように対応していけばよいのかを述べている。そのコメントには，子どもが保育者とのかかわりのなかで育っていくこと，そのかかわりのなかで子どもを受容しつつ導いていくという内容が語られている。抽出児に対して，両義的対応の必要性への気づきがみられた。

③主体的な活動を確保するために

年度の終わりの話し合いでは，これまでの保育のふり返りを行なった。そのなかで，当初は，子どもの意志の強さをもって，主体的に遊べると思っていたというコメントをした。そして，子どもが主体性をもって活動に取り組むために，保育者が配慮すべきこととして，「幼児が活動に見通しをもち，目的意識をもって活動できるように導く。そのために教師自身が取り組みの姿勢を考えておく。それを実現できるように環境を整えておくこと」が重要と述べ，教師が思いをもって保育に臨むことの重要性に言及していた。

当初は，主体的に遊べる幼児として抽出した理由を「保育者の援助のいらない子ども」としているところがあった。そのようにとらえた時点で，保育者は子どもと関係を取り結べなくなってしまう。その結果，子どもを自分との関係のなかでとらえられなくなり，その子どもの実態が把握できなくなる。どの場面でどの子どもといっしょにいるときに，その子どもが主体性を発揮して遊んでいるのか把握できなくては，適切な援助をすることはむずかしい。

園のなかで，主体的に遊べる姿をとらえるためには，どのような状況で子どもが主体性を発揮できるのか，子どもの主体性の姿についてよく把握しなくてはいけない。その把握が次の保育につながっていく。ケースカンファレンスをとおして抽出児の実態を把握していくことによって，保育者は自身との直接的間接的なかかわりのなかで，子どもの主体的な活動を確保していくために保育者ができることは何なのか，と考えるにいたっている。

5──幼稚園と小学校の相違

本節で対象として取り上げたフィールドでは，小学校教員が一時的に保育者となっていた。一般的には，小学校は教え導くところ，幼稚園は遊ぶところと，ステレオタイプ的にとらえられていることがまだまだ多いと感じる。このようなイメージとともに，対象となった幼稚園が自由保育中心と聞いていた小学校教員にとっては，「遊びを通しての指導」がとても理解しにくい状況だったようだ。保育者となった小学校教員は，保育と出会った当初は保育を「自由対一斉」「あそび対指導」と二分法的にとらえていた。その結果，自由保育場面で，自分の主体を封じ込め，受け身としての自分の役割を固定化したことにより，

ジレンマを感じることになった。しかし，保育者はしだいに，受け入れつつ指導する，指導しつつ受け入れるという両義的な対応をとり，子どもとのかかわりのなかで自分の役割を意識するようになった。

この両義的な対応は，保育者が自分の主体を子どもとのかかわりのなかで活かしていくことであり，同時に子どもの主体も感じ取り活かしていくことである。こうした両義的な対応は，保育現場においてのみいえることではなく，実は小学校でも行なっていることなのだ。

「幼稚園は楽しく自由で，小学校はみんな前を向いて一斉に」というイメージは，小学校の実態にもあてはまらない。小学校は，教科ごと・学年ごとに教えなければならない内容が，子どもの実態よりさきにあるが，教師が子どもと向き合ったとき，やはり両義的な対応をしつつ子どもとかかわっていく。もちろん，子どもの発達，保育や教育の目的によって相互交渉のあり方は異なってくる。保育を二分法的にとらえる見方が，幼稚園・小学校の共通点をみえにくくさせていたのかもしれない。

現在，幼稚園・小学校連携の取り組みが数多く実践されている。子どもを連続性をもって育てていくために，幼稚園・小学校の接続をスムーズに行なうために，幼稚園・小学校のカリキュラムに連続性をもたせる取り組みや，幼稚園・小学校の子どもたちの交流などの実践が見られる。本節の幼稚園のように，小学校教員が保育者を経験するような幼稚園・小学校連携は，お互いの現場への理解，そこで育つ子どもたちに対する理解を生むことができ，子どもを幼稚園・小学校と連続性をもってはぐくむためには非常に有効と考える。ステレオタイプ的なおのおのの現場に対する見方を越えて，互いの共通性を理解していくこと，そしておのおのの現場で生活する子どもにとって必要な互いの違いを理解することが，教師のより豊かな教育観をはぐくむことになる。それが，この教師とかかわる子どもの，育つ力となるだろう。

6——保育者の専門性を支える場としてのケースカンファレンス

保育は，個々の子どもと向き合い，その育ちを支えていく行為である。そのため，保育実践は個別的であり，予測のつかない偶然的なできごとへの対応が求められる。また，子どもとのかかわりは受け入れ認めていく受容的な部分と

教え導くという指導的な部分の両方を含み，両義的な対応が必要とされる。こうした特徴をもつ保育の場で，ある技能を獲得するだけでは，専門性を身につけることと結びつかない。

　もちろん，保育年数を重ねることで，保育に見通しがもてるようになったり，発達のプロセスのなかで子どもをとらえられるようになってくる。保育をめぐるさまざまなことがらを知識として蓄積しておくことは，保育のなかで子どもとかかわる際の土台となる。しかし，子どもと向き合って保育するときに必要となってくる専門性とは，そのときその場で豊かな対応ができる力と，保育後に自分の保育を内省してとらえ直すことができる力をもつことだろう。

　これらの保育に関する知識，子どもとの豊かな対応ができる力，保育を内省できる力は，互いに影響を与えながら，保育実践で必要となる専門性を構築していく。これら3つの力を相互的に育てていく場がケースカンファレンスのような，多義的な保育を多数の視点でとらえる場なのである。

　本節で取り上げたフィールドの特徴から，おもに自由に子どもが遊ぶ場面における保育者の役割に焦点を当てたケースカンファレンスを行なった。そして，その場で子どもたちが何を楽しんでいるのかを探り，保育者と子どもとのかかわりのなかで保育者の役割を検討していくことが話し合いの中心であった。保育者が抱えている問題によっては，ケースカンファレンスで焦点とされることは異なってくるだろう。ケースカンファレンスを通じて保育者は，子どもに関するさまざまな知識を蓄積し，多様な対応のあり方に気づき，保育のなかでの自分の行為を内省する機会が与えられる。知識が子どもとのかかわりのなかで豊かな対応を生み，その対応を内省していくことで，知識が蓄積され，それがまた豊かな対応を生み出す。このような循環の機会を与え，知を保育の力とするようなケースカンファレンスの場を設けていくことが，保育者が保育と出会い専門性を高めていくためには，とても重要であると考える。

［付記］
　本節は，O幼稚園の全面的な協力が得られなければ成り立たないものだった。O幼稚園の先生方に感謝したい。また，東京学芸大学附属幼稚園井口眞美先生，もと附属幼稚園の待井ナオミ先生，O幼稚園大美賀先生と話し合いを重ねるなかで，本節をしるすことができた。感謝したい。

研究課題

1. 保育所見学ができる機会を見つけ，子どもがどのようなときに泣いたりケンカしたりし，保育者がどんなふうに対処するか，事例記録をとってみよう。なぜそんなトラブルが発生したのか，保育者のはたらきかけはどのような意味があるか，子どもの年齢によるその違いも考えてみよう。
2. 入園当初の保育のようすを観察してみよう。入園1～2週目は，新入園児の行動が顕著に変化する。観察対象児を決めて，その子どもに対する保育者の保育行動（子どもへのはたらきかけ，環境構成など）を記録してみよう。さらに，時間の経過がわかるように記録を整理してみよう。子どもの行動の変化と保育者のはたらきかけとの対応がわかるだろう。
3. これまでの保育経験のなかで，その保育者が成長したと感じたできごとを尋ねてみよう。経験の多い保育者はもちろん，経験の少ない保育者でも自分自身を成長させてくれたと認識する事例をいくつかもっている。たとえ同じような経験をしても，保育者によって意味づけ方は違っているだろう。
4. 外国人園児の年齢・性別・国籍・母語の違いによって，保育者との相互作用過程にどのような違いが見られるか，1つの場面を取り上げて観察してみよう。
5. 保育所や幼稚園での実習で子どもとかかわった記録を書いてみよう。そのときに，実際に起こったことと自分の解釈，自分のとった手だてを分けて書くようにしてみよう。

推薦図書

- 『身ぶりからことばへ―赤ちゃんにみる私たちの起源』　麻生武　新曜社
- 『保育者としての成長プロセス―幼児との関係を視点とした長期的・短期的発達』　高濱裕子　風間書房
- 『行為と発話形成のエスノグラフィー―留学生家族の子どもは保育園でどう育つのか』　柴山真琴　東京大学出版会
- 『保育者の地平』　津守真　ミネルヴァ書房

第4章 あそびとの出会い

　集団保育場面での子どもたちの活動の中心は、子どもたちのあそびにある。そのようすを「子どもたちは遊んでいました」という記述で終わらしては、保育実践の場をフィールドとしたことにはならない。子どもたちは、あそびのなかでいろいろなことを体験している。子どもたちのあそびをこまやかに見取っていくことで、あそびのなかで何が起こり、子どもたちが何を思い、何が育っていくのかがわかってくる。
　本章では、集団保育場面でのあそびの特徴を押さえつつ、そこで子どもたちがどのようにあそびを展開しているのかを言語的表現、身体的表現を手かがりにして取り上げる。

第**4**章　あそびとの出会い

1節　集団保育のなかでのあそび

　少子化・核家族化時代を迎え，子どもが集団のなかで遊ぶ経験はますます貴重になってきている。本節では，集団保育におけるあそびとの出会い，複数の子どもたちによるかかわり合い，そのなかであそびを発展させていくことの重要性，あそびの環境を構成する保育者の役割について，フィールド心理学の観点からいくつかのあそびの事例をとおして考えてみたい。

1——社会的相互交渉としてのあそび

　子どもたちのあそびを，1人あそび・平行あそび・協同あそびというあそびの形態で見ることができる。しかし，あそびを「社会的行為」としてとらえてみると，1人あそびという形態は同じでも，集団の（他の子どもたちがいる）なかであえて1人で遊んでいるのと，子ども1人しかいない状況で1人あそびをしているのとは，他の子どもが「存在」しているという点でその意味はまったく異なっていることがわかる（刑部，2002）。

　フィールド心理学は，子どもたちのあそびの「日常性」を浮き彫りにする。「日常性」をより浮き彫りにする方法論として，社会学の「エスノメソドロジー（人々の方法論）」がある。これらの研究のなかに，人々の日常の会話における「はじまり」と「終わり」の方法を記述した研究がある（たとえば，Schegloff & Sacks, 1973）。この視点を集団における子どものあそびに応用するなら，複数いる子どもたちの間で，「あそびはどのように始まり」「どのように終わるのか」という問いがみえてくる。以下では，幼稚園でフィールドワークをした筆者の観察事例（2000〜2002年に事例収集）を「あそびのはじまり」と「あそびの終わり」に注目することをとおして，集団保育のなかでのあそびとその発達過程，そこにかかわる保育者の役割について考えていきたい。

2——子どものあそびはどのようにして始まるか

　集団において子どものあそびはどのように始まるのであろうか。以下では幼稚園におけるあそびの「はじまり」の過程を3つの事例からみてみることにする。1つめの事例が3歳児，2つめの事例が4歳児，3つめの事例が5歳児で

1節　集団保育のなかでのあそび

ある。あそびの「はじまり」の過程にみる子どもたちの成長・発達のようすも3つの事例からみてみよう。

事例　あそびのはじまりにおける役決め（3歳児）

3歳児のさよ・まな・けんた・りかが4人で向き合うように座って話している。
- まな→さよ：「そうだ！」
- さよ→まな：「ロコちゃん（まな）とププちゃん（さよ）」*1
- まな→さよ：「ハム太郎」
- けんた→まな：「はーい」とハム太郎の役になる。
- さよ→けんた・まな：「（けんたをさして）ハム太郎，（さよ自身をさして）ププちゃん，（まなをさして）…」
- まな→さよ：「ププに…」
- さよ→まな：「ププちゃんね」
- さよ→りか：「りかちゃんは？」
- まな・けんた→りか：「何がいい？」

この事例の場面は，3歳児どうしのあそびの「はじまり」の会話である。「ハム太郎」というテレビ番組のイメージから，4人の役が決められていく。最初にさよとまなの2人の間でいくつかの役の名前があがり，けんたがハム太郎の役のところで「はーい」と言って手をあげる。その後，さよ・まな・けんたの役が決まると，さよは役の決まっていないりかに対し「りかちゃんは？」と聞く。そしてまなとけんたがりかに対し「何がいい？」と聞くのである。この場面ではすでにりかもあそび仲間として認識されており，役が決まることによってそのあそびが開始されようとしている。ここからみえてくることは，ごっこあそびにおいて「役決め」は，複数の子どもによるあそび開始時の重要なプロセス（パターン）であり，方法であるということである。なぜなら役の決まらない子どもは，あそびの内容を共有できず，参加することができないからである。ごっこあそびが開始されるためには，複数の子どもたちの間でイメージを共有し，「役」が生成される必要がある（増田・秋田，2002）。

さらにこの事例の後に何が起きていたか説明しておこう。あそび開始時の会話場面の記録は前述の部分にとどまっているのだが，その数十分後の録画記録から，りかはこのあそびから抜けていることがわかった。記録からは，その後，

---

*1　「ハム太郎」というアニメ番組では，ハムスターのハム太郎とその仲間たち，そして人間が登場する。このあそびの場合，ハム太郎とププちゃんはハムスターであり，ロコちゃんとは人間である。

第4章 あそびとの出会い

人間のロコちゃん役のまなが，四つんばいになってハムスター役をしているけんたとさよをひきつれて遊ぶ行動が見られる。しかしりかはここには参加しておらず，別の子どもたちのなかにいる。録画記録が途中，途切れているため推測ではあるが，りかはあそび開始時の会話において，役割が認識できるほどイメージが共有できなかったか，あるいはこのあそびにあまり関心がもてなかったのではないかと考えられる。その結果，りかはなんとなくそのあそびから抜けてしまい，他の子どもたちのほうにいたのではないかということが推察される。

2つめの事例は4歳児で，朝9時すぎに幼稚園に子どもたちが登園してくる過程で始まったあそびである。最初は2人の子どもの間でセーラームーンごっこが始まったが，その後，あとから登園してきた他の子どもが入り，最終的には6人のあそびとなる。この過程の一部をみることにする。

事例　あそびに「あとから」入る子どもの役の決められ方（4歳児）

　4歳児の2人の子ども（あゆみとえみ）がセーラームーンごっこをしている。あゆみがジュピターで，えみがマーキュリーである。そこへかおるがスカートを両手でつかみながら寄ってくる。以下はあゆみとかおるの2人の会話である。

あゆみ：「セーラームーンに入る？　いいわよ。それじゃ何？　セーラームーンマーキュリー…（すでにえみがセーラームーンマーキュリーになっていたことを思い出し，言いよどむ）」
かおる：「あゆみちゃんは何なの？」
あゆみ：回転しながら「セーラージュピター。えみちゃんはセーラーマーキュリー。あなたは？」
かおる：「…」考えている。
あゆみ：「どうする？」
かおる：「…」考えている。
あゆみ：「…」
かおる：「…」遠くを見つめて考えている。
あゆみ：「…」
かおる：「…」足をパタパタさせ，足踏みしながら考えている。
あゆみ：「…」
かおる：「…」遠くを見つめて考えている。
あゆみ：「うんとね，今日だけ」
かおる：「…？」首をかしげる。
あゆみ：「じゃあ，あなたセーラームーン。長いけど（セーラームーンは髪が長いが，かおるは髪の毛が短いためこのように言っている）。」
かおる：「…」

> あゆみ：「でもセーラームーンだって強いし，いいじゃない？」
> かおる：うなずく。
> あゆみ：かおるに向かってにっこりと大きくうなずく。

　この事例からわかることは，途中から来た子どもがあそびに入る場合も，3歳児の事例と同様，役が設定され合意にいたることが必要だということである。さらに，途中から来た子どもがあそびに入る場合，当初のあそびの想定を一部変更したり再構成する必要があり，3歳児の事例のような同時に役が決まるあそびのはじまり過程に比べるとむずかしいのではないかと考えられる。

　3歳児ではあとから入ってきた子どもを取り入れながら，子どもどうしだけであそびを再構成するのはむずかしい。保育者があとから来た子どもをあそびに入れるように媒介する場面はよく見られることである。4歳児では，あとから来た子どもに対し，役を調整して対応することが徐々に可能になり，あそびを展開させ持続させることができるようになる。

　次の事例は5歳児によるあそびの相互交渉過程である。2人の子どもがすでにあそびを開始していたが，途中で他の子どもがそのあそびに入る。この子どもは別の他のあそびにも参加しながらこのあそびも「よりどころ」とし，2つのあそびにかかわることになる。

事例　途中からもう1つのあそびにかかわる交渉過程（5歳児）

　5歳児クラスのゆみとななかキッチンコーナーで料理ごっこをしている。ゆみがお母さん役でななが子ども役である。ようたろうが他のあそびを続けながらも途中で料理ごっこに入り，料理道具をさわり始める。しかし，まだ役がないため，ななとようたろうがそこにいる理由を考え始める。以下はななとようたろうの会話である。

> ようたろう：「（ぼくは）学校もないし，保育園もないし」
> な　な　：「大人？」
> ようたろう：「…」うなずく。
> な　な　：「えー，だめだよお兄ちゃん…」
> な　な　：「お兄ちゃん？」
> ようたろう：「…」うなずく。
> な　な　：「何歳くらい？」
> ようたろう：「20歳くらい」
> な　な　：「…」うなずく

この事例では，ようたろうがすでに他のあそびに参加しながらこのあそびに参加し始めたため，2つのあそびの文脈にも合うようにまず自分の立場を述べる。それが「(ぼくは)学校もないし，保育園もないし」ということである。そこでななは「大人？」と聞く。しかしこの料理ごっこで，ようたろうが「大人」となるとななが子ども役であることとの関係がとれないため,ななは「えー，だめだよお兄ちゃん…」という。そしてもう一度ななはようたろうに「お兄ちゃん？」と確認するのである。ようたろうの役割として「保育園もないし，学校もない」お兄ちゃんならどちらのあそびにもつじつまが合うというわけである。さらに，ななはどのくらいの年齢かを聞くことによって，あそびの具体的文脈に合うか確認するため「何歳くらい？」と問う。ここでようたろうが「20歳くらい」と答えると，それならお互いのあそびの文脈にとってよいということで合意するのである。

3──あそびのはじまり方法にみる子どもの発達過程

　3つの事例から，集団保育における子どものあそびの「はじまり」において，ごっこあそび開始時の役の発生が，子どもどうしの相互交渉の重要な「方法」であることがみえてきた。また,これらの事例において,その「方法（やり方）」は年齢とともに複雑な状況に対応でき，互いの文脈を調整し，あそびを継続，展開できるように発達していることがみられたと思われる。

　3歳児では，あとからあそびに入る子どもとの調整はむずかしい。そのため，保育者があとから来た子どもといっしょにあそびに入ることがよく見られる。3歳児の場合，なんとなく平行あそびをしながらときどき共通の言葉がでると喜ぶとか，たまたま同じ場所にいた子どもと話が始まり，事例「あそびのはじまりにおける役決め」のように役が決まる程度である。相互交渉といっても，他者を意識はするが，調整までいかないのが3歳児の相互のかかわり方といってもよいだろう。

　4歳児になると，協同あそびが行なわれるようになり，あとから別の子どもが入ることにも対応できるようになる。しかしながら，4歳児はお互いの調整がうまくいくことはそれほどなく，条件つきが多いのでけんかになることが多い。たとえば，さきに遊び始めていた子どもの文脈に，入る子どもがあわせな

いと入れてもらえないとか，こういうルールになっているからだめだとか理由をつける。つまり，さきにいる子どもたちの条件や文脈を変更し，これからそのあそびに入ろうとする相手の子どもにあわせるところまではなかなかいかない。

5歳児になると，あそびがかなり進んだ状態でも他の子どもを受け入れることが容易にできるようになる。事例「途中からもう1つのあそびにかかわる交渉過程」からもわかるように，子どもどうしの意思の確認や文脈の調整が話し合いによってできるようになる。その結果，互いにとって合理的な解決がはかられる。

あそびを社会的相互交渉としてみてみると，集団保育におけるあそびの出会いが他者との出会いであることがよくわかるであろう。また，年齢ごとのあそびの「はじまり」をみていくことにより，発達による子どもの交渉方法の違いがみえてきたと思われる。こうしたことがみえてくると，保育者はあそびのはじまりにおいて，どのように子どもにかかわればよいのかもみえてくるものと思われる。

そこで保育者の役割については，「あそびの終了のしかた」の事例のなかで考えていくことにする。

4——子どものあそびはどのようにして終了するか

「おかたづけ」という行為は，あそびの終了方法としてよく見られることである。しかし小さな子どもであるほど，「おかたづけ」までの一連の行為をあそびのなかに含ませることはできず，大人から「おかたづけ」といわれなければ，その場は散らかったままである。そのため保育の現場では，たいていある時間になると，保育者が「さあ，もうおかたづけしましょうね」とあそびを区切り，子どもといっしょに保育者がかたづけるということになる。

以下の事例は前述の事例の続きで，5歳児の料理ごっこの終了場面である。5歳児にもなるとあそびのはじまりもスムーズで，複雑な相互交渉もできるようになることをみてきたが，子どもたちだけであそびをうまく終了させるというのは，なかなかむずかしいものである。2つの事例から，子どもたちだけのあそびの終了のようすをみてみることにしよう。

第4章 あそびとの出会い

事例　あそびの終わりはむずかしい（5歳児　夏・晴）

　食器をかたづけようとしない子ども役のななに対して，お母さん役のゆみが「ほらほらななちゃんかたづけないと」と言う。しかしななは「はーあ，汗かいた」と言いながら一瞬その場を離れてしまった。
　　ゆみ：「『汗かいた』じゃなくって！」
　　なな：「そんなに怒らないで！　そんなに怒らないでよ。暑いから汗かいたと思うでしょ」
　その後，ななもかたづけを始めるが，むっとして何もしゃべろうとしないゆみに対して今度はななが怒り始める。
　　なな：「話しながらかたづけようよ」
　　ゆみ：「…」
　　なな：「何でしゃべらないの？」
　　ゆみ：「…」
　　なな：「ねぇ，ヤなの？」
　　ゆみ：「…」
　　なな：「なんにもしゃべらなかったら，何もわからないでしょ」
　　ゆみ：「…」
　　なな：「『だんまり比べ』で，なんにも言わないで…」
　　ゆみ：「…」
　　なな：「だったら勝手に…黙ってないでよ」
　　ゆみ：小声で「だって手伝わないんだもん…」
　　なな：「なら早く言ってよ！　わからないでしょ！」

　ここでの会話は「料理ごっこあそびにおけるお母さんと子どもの会話」から，あそび友だちとしての子どもどうしの会話にすりかわっている。かたづけを始めたきっかけは，保育者がプールにもうすぐ入るということを知らせにきたからである。そこで，ゆみが料理ごっこのきりのよいところで料理の食器かたづけという文脈にしながらあそびを終了させていく。しかしながら，ななはそのかたづけを手伝わずに，一瞬，「はーあ，汗かいた」と言いながらその場を離れてしまったため，ゆみが怒ったわけである。ゆみは料理ごっことしての「かたづけ」に，あそびの終わりとしての「かたづけ」を重ね合わせながらあそびを終了にもっていこうとしている。あそびの充実感，達成感というのは，あそびの終わり方にも影響するということがこの事例からみえる。

　また，子どものあそびが複数の子どもたちどうしによるものに発展し，しかも時間的にも長くなると子どものあそびが適度なところでうまく終われずに「煮詰まっている」と感じられることがある。以下の事例（図4-1）は，子

どもたちのようすがそのように感じられたある日のできごとである。

> **事例　ごちゃごちゃになったあそびの結末（おもに4歳児）**
>
> 　図4-1はホールの一角にあったままごとコーナーのようすである。図からわかるように，壁に曲がってかかった絵，放り出されたお人形，机，ざぶとん，着物など，さまざまなものが散在している。また，その場所はものが豊富にあることから，そこで遊んでいない子どもたちもものを取り出すため，人の出入りも激しい空間となっていた。この時点では子どもたちはそれぞれ疲れ切ったようすで，ある子どもは右側の高い台の上にのぼりたいがのぼらせてもらえないなど，子どもたちの相互交渉が険悪なムードになっていた。そして，この図の後には，そこで遊んでいた子どもたちがこの状況をたて直すことができずに，ものをつぎつぎと袋につめて引っ越しをするという設定でこの場を去るのである。

図4-1　複数の子どもによるあそびの破綻

5──保育者とともにあそびの「終わり方」を考える

　筆者は保育所や幼稚園のフィールドに入り観察を続けている。ここ数年は子どもたちの相互交渉過程をビデオ記録にとり，それを園全員の保育者とともに見る機会を得ている。フィールド心理学は，研究者だけではなく現場の保育者とともにその場を明らかにしていくことにより，いっそう実り豊かな機会になると感じている。何がどのように起こっていたかという事実を分析する研究者と，子どもと生きてきた経験をフルに活用し，その事実が何を意味しているのかを省察する保育者との協働によって，保育実践の場が動き始めるのである。以下は，前述の事例「ごちゃごちゃになったあそびの結末」の記録をみた保育

第4章 あそびとの出会い

者たちが次の実践へつなげた試みである。

(1) 環境を変えた保育者の試み

　子どもたちのあそびについて、いつものように園の保育者たちに報告し、翌月、筆者が観察にいったところ、ホールのコーナーの環境構成がまったく変わっており、あそびの構成のしかたがくふうされていることに気がついた。

　前回、子どもたちのあそびのようす（前述の事例「ごちゃごちゃになったあそびの結末」）を筆者がビデオを見せながら報告すると、ある保育者が次のようなことを述べておられた。「あそびにおける引っ越しというのは、子どもたち自身がもうどうしようもなくなって、あそびがむずかしくなってしまい、そうするしかなかった終わり方なのではないか」という省察である。そして、翌月観察にいったときには、図4-2のようにそのコーナーはまったく変わったものになっていたのである。

　具体的には、まず、ホールのコーナーのものを減らし、魅力的なおもちゃを他のところにもおいて分散したとのことであった。こうすることによって、ひっきりなしにものを取り出すためだけに出入りする子どもたち（前述の事例では子どもたちは「どろぼうが入る」と意味づけていた）を減らし、コーナーで遊んでいる子どもたちは落ち着いて遊ぶことができるということであった。

図4-2　変化したコーナー環境

また，たくさんの人数で遊ぶにはこのコーナーが狭いこと，空間的にもあそびの入り口がある1つの方向にしか作れないことから，出入り口を他方向にし，子どもたちがさまざまな位置から出入りし，あそびに参加しやすいような構造に変化させようとしたということであった。そのため，コーナーを仮移動する形へと子どもたちとあそびの場をつくるくふうが見られた。保育者は子どもたちといっしょに，ホールの広いところにコーナーと同じような場所を作るように環境構成を変化させたのである。

(2) フィールド観察による「あそびの方法」の発見と共有

　本節では集団保育における子どもたちの「あそびのはじまり」と「あそびの終わり」の方法に着目することをとおして，子どもたちのあそびにおける相互交渉の発達過程，さらにはそれを支える保育者の役割，環境構成をみてきた。子どもたちがさまざまなあそびと出会い，他者とかかわり，あそびを充実させるためには，こまやかな保育者の配慮が必要であり，できごとを読み取る「子どものあそびにおける日常性の解剖」が必要である。本節の事例からフィールド観察者と保育者との協働によるできごとの発見によって，保育実践が動き出すというフィールド心理学の魅力についても感じ取っていただければと思う。

　　［付記］
　　本節の挿絵を描いてくれたのは，公立はこだて未来大学の河野可南さんである。また，本節の事例分析については，公立はこだて未来大学の水野亮さん，中小路隼一さんに協力していただいた。しるして感謝したい。最後に，本節の事例にでてきたA幼稚園からは多くのことを学ばせていただいていた。A幼稚園に対し，あらためてお礼申し上げたい。

2節　あそびのなかでの言語的表現

1——言葉のはたらき

(1) 領域「言葉」

　子どもはまわりのものや人とやりとりするなかで発達する。言葉をはぐくむためにたいせつなのは，心を動かし，言葉で伝えたくなるような豊かな環境を整えることである。環境には遊具や自然などの物的環境のほか，保育者や仲間などの人的環境がある。幼稚園教育要領において，領域「言葉」とは「経験し

117

たことや考えたことなどを自分なりの言葉で表現し，相手の話す言葉を聞こうとする意欲や態度を育て，言葉に対する感覚や言葉で表現する力を養う」ものである。ねらいには「(1) 自分の気持ちを言葉で表現する楽しさを味わう。(2) 人の言葉や話などをよく聞き，自分の経験したことや考えたことを話し，伝え合う喜びを味わう。(3) 日常生活に必要な言葉が分かるようになるとともに，絵本や物語などに親しみ，先生や友達と心を通わせる」の3点である。よく聞くこと，伝え合うこと，思考の芽生えを培うことが強調されている。

　子どもは自分の気持ちを自分なりの言葉で表現し，保育者に受けとめてもらうことで話したい気持ちがうながされる。そして，話したい気持ちが満たされる喜びと相手への信頼感から，相手の話を聞く姿勢が育っていくのである。また，仲間どうしのかかわりでは，自分が話すだけでなく，相手の話を聞くことのたいせつさを理解し，言葉で伝え合う楽しさも感じるようになる。さらに，気持ちよく思いを伝え合う方法を考えるなかでコミュニケーション・スキルを身につけていく。また，絵本や物語の読み聞かせでは，さまざまな未知の世界を想像して楽しみ，その思いを他の仲間と共有する。これらの経験をとおして，子どもは言葉の感覚を養い，状況に適した言葉が使えるようになるのである。

(2) 気持ちや考えを伝える言葉

　言葉には自分の思いや考えを表現して伝えるコミュニケーションのはたらきがある。子どもにとって，言葉はものごとを伝えるだけでなく，言葉に託された思いを伝えるものであり，その思いを親しい相手と共有する喜びを体験することが重要である。そのため，聞き手の保育者には，子どもの未熟な言葉やその他の表現から伝えられる思いを丁寧に聞き取って理解し，共感する力が求められる（無藤，1990）。また，子どもは「見て」という呼びかけの言葉を使用して，相手に思いを伝えようとすることがある（福崎，2002）。満足のいく作品ができたり，素敵なものを発見したり，なわとびができるようになったときなどに，「見て」と保育者や仲間に呼びかける。とくに入園当初や3歳児は，保育者の注目を自分に引きつけることで安心するようである。相手に自分のできばえや発見を見てもらって認められることによって，子どもはあらためて喜びを実感し，自分の存在を確認できるのだろう。次の事例では5歳男児H樹が黒くて大きなピーピー豆を見つけた驚きとうれしさを意欲的に伝えている。他

の子どもが注目しないと,みんなの前に差し出して「こーんな！　黒い豆」と強調したり,観察者にも「見て,これ！　この黒い豆」とビデオに映るように見せたりしている（以下,事例中の括弧内は筆者による補足であり,＊＊＊は聞き取り不能箇所である）。言葉の未熟な子どもにとって,相手の注意を喚起し,自分の伝えたいものに注目させることのできる「見て」という呼びかけや相手を注目させるためのさまざまなくふうは,自分の思いを相手に伝えるうえで大きな役割を果たしているのである。

> **事例　ままごと・ピーピー豆とり（5歳児1学期）**
>
> 　裏庭の小屋のそばでままごとをしているR美,K子,H樹,S也,M代,N華が刈り取られた草のなかからピーピー豆をとっている。
> 　H　樹：「わー,すごい！」と言って立ち上がり,「オレ,すごい豆見つけたよ！　ねえ,みんな,オレ,すごい豆見つけた！」
> 　みんな：豆をとるのに夢中でH樹のほうを見ない。
> 　H　樹：みんなの前に豆を差し出し,「こーんな！　黒い豆」と見せる。
> 　みんな：H樹の豆を見る。
> 　H　樹：にこにこして観察者のほうへ来て「見て,これ！　この黒い豆」と差し出す。
> 　観察者：「わー,すごいね！　立派なお豆」
> 　H　樹：満足そうにもどりながら「緑の豆とかあるけど」と話す。再びしゃがんで豆を探す。

(3) 考える言葉・行動をうながす言葉

　子どもはさまざまな経験から考えたことや感じたことを自分なりの言葉で表現することで理解していく。ひとりごとにはそれがよく表われている。ヴィゴツキー（Vygotsky, 1934）はひとりごとと思考の発達との関連を示した。言葉ははじめ伝達の道具として獲得され,しだいに自分の行動や情動を調整したり,課題を解決したりすることを助ける思考の道具としての機能が枝分かれする。伝達の道具としての言葉は「外言」,思考の道具としての言葉は「内言」とよばれ,ひとりごとは外言が内化されて内言へと移行していく過程で見られる。今井（1996）は,自分が対話する相手の言葉を内化することでもう1人の自分が生まれることに注目し,大人が一人ひとりの子どもと丁寧に会話することがいかにたいせつかを強調している。次の事例でカセットを1人でかたづける5歳男児D介の「なんで,みんなもやったのにさ,かたづけしないの。もう

やだよ」というひとりごとは内言が外言化したもので，いっしょに遊んだ仲間への不満を発散させている。また，D介が手伝おうとした観察者に言った「自分でできるから，大丈夫」は，D介自身に言い聞かせる言葉のようでもあり，自分でかたづける行動を励まし，うながしていたと考えられるのである。

> **事例　楽器あそびのかたづけ・ひとりごと（5歳児1学期）**
>
> 　D介・N夫・S子・R美は，渡り廊下でカセットデッキの音楽にあわせて，スズやタンバリン，マラカスを使って踊っていたが，ホールで遊んでいたN奈たちがデッキの使い方がわからず，助けを求めてくる。D介はホールへ行って使い方を教えてもどってくるが，だれもいない。
> 　D介：カセットデッキをチェックしたあと，カセットを取り替える。
> 　D介：出したままの複数のカセットに気づき，ケースに入れながら不満そうに話している。
> 　　　「なんで，みんなもやったのにさ，かたづけしないの。もうやだよ」
> 　D介：かたづけながら，観察者に「違うやつが入ってる」とカセットを見せる。
> 　D介：観察者が手伝おうとすると「自分でできるから，大丈夫」と1人でかたづける。

（4）気持ちを抑える言葉

　幼児期は自己抑制を学ぶ時期である。自分のやりたいことを主張するだけでなく，相手の気持ちやルールを考えて自分を抑えることも必要になる。たとえば「おかたづけ」の声に，遊んでいた子どもから「えー，やだー！」と不満そうな声があがることはよくある。5歳児になると「長い針が6になったら，おかたづけ」と予告すれば，子どもなりに遊びたい気持ちに折り合いをつけてかたづけられる。しかし，それでもあそびをやめられなかった5歳女児N奈は巧技台の橋を渡りながら「あそこまで行ったら終わりにするから！」と仲間や観察者に宣言して自分の遊びたい気持ちに折り合いをつけようとした。これは自分なりの目標を言葉で表現して明確化することによって自分の気持ちを統制しやすくし，自分以外の相手に目標を宣言することできまりを守ろうとしたのだろう。言葉は自分の行動や情動の統制に深く関与しているのである（岡本, 1982）。

2 ── 人と人とをつなぐ言葉

(1) ごっこあそび

　ごっこあそびでは仲間どうしや保育者との言葉のやりとりがよく見られ，目に見えないものを表わしたり，細かな区別を示したりするのに適した言葉の特徴がよく活かされている。ガーヴェイ（Garvey, 1977）は，ごっこあそびを構成する要素として，プラン，役割，もの，状況設定をあげている。言葉と動作を駆使して，より巧妙にもっともらしくふるまうのである。次の事例では，5歳児の男女がピーピー豆を探しながらお母さんごっこをしている。この事例の前に役決めがあり，R美は母親役，K子はお姉さん役，H樹とS也はお兄さん役になる。お姉さん役のK子と母親役のR美は，ふだんの話し方とは異なるトーンや言葉づかいで役を演じており，場面や役柄によって言葉づかいが異なることを学んでいる。たとえば，K子はピーピー豆のつるを動かした子どもに「勝手に動かしてるのはだれ？」と姉らしい口調で静かにいさめ，R美は「お買いものにいくわよ」と母親らしい言葉づかいで，買いものという母親らしい活動のプランを提示している。また，プランを提案・説明するときや仲間どうしのプランが食い違ったときには，役のまま会話に組み込んだり，ふだんの話し方にもどったりして説明するが，5歳児はその移行もなめらかである。とくに目を引くのは，K子がN華に向けて発した「ごっこでしょうが！」である。ふだんの声で少し怒った話しぶりのこの発話は，H樹の豆が「食べられる？」という質問に対し，架空の解答「食べられる」を主張するK子と，現実の解答「食べられない」を主張するN華で，見たてのプランに食い違いが生じたため発言されている。A子は，いまはごっこで，うそっこに食べられるプランであることを伝えたかったのだろう。その後もA子とN華の発言は食い違ったままだったが，H樹の「枯れたら，食べられないんでしょ？」によって，K子も「そうなの」と同意にいたったのである。

> **事例　ままごと・ピーピー豆とり（5歳児1学期）**
>
> 小屋のそばで，みんなで集まってしゃがみ，ピーピー豆をとっている。R美がお母さん，K子がお姉さん，H樹とS也がお兄さんでままごとをしている。
> 　M代・N華は役名がついていない。

第**4**章　あそびとの出会い

R 美	：立ち上がってピーピー豆を見つけているみんなに「くさってるのはだめですよ」
R 美	：「ねえねえ，ここ，おうちだよ」と小屋を指さして話す。
K子・N華	：「いいよ」
K 子	：「ここはおうちだから，自然においしく食べられるのよ」
M 代	：豆のつるを動かした人に「ちょっとやめて！　もう」
K 子	：お姉さんらしい口調で「勝手に動かしてるのはだれ？」といさめる。
S 也	：笑いながら「知らない。アヤヤヤ，枝豆やんか」
N 華	：「枝豆じゃないよ，ピーピー豆だよ」
H 樹	：K子に「見て，こんなに黒い豆とか」
K 子	：「食べれるからね」
N 華	：「食べられないよ」
K 子	：「ごっこでしょうが，いまは」とN華に力を込めて言う。
H 樹	：「黒い豆とか食べられるの？」
R 美	：「お買いものにいくわよ」とH樹とN華の頭を軽くなでる。
K 子	：「はーい」
R 美	：K子とN華をちょんと突つき「ねえねえ，私お買いものにいってくるからー！」
N華・K子	：「はい」
H 樹	：「この豆，食べられる？」
N 華	：「食べられないよ」
H 樹	：「ピーピー豆って，枯れるのは黒くなる。枯れたら，食べられないんでしょ？」
K 子	：「そうなの」と答える。
K 子	：立ち上がって「みなさーん，私の話をよく聞いて！」
みんな	：「はーい」
K 子	：「私ね，前ね，ここ（池のそば）ね，ピーピー豆がたくさんあったの」

(2) いざこざ

　園生活で子どもどうしのいざこざは日常的である。要求や主張のぶつかり合いをくり返し経験するなかで，子どもは自分とは異なる他者を意識できるようになり，自分の要求や主張を通すために相手が受け入れやすい方略を学んだり，自分の気持ちを抑制して相手と自分の意見を話し合いながら調整することを学んだりしている。ここでは，保育者がかかわったいざこざの事例を取り上げる。いざこざに出会った保育者の多くは，まず見守って子どもたちがどのように対

処するかを観察する。援助に入る場合，保育者は何かしらの願いをいだいていざこざにかかわる。次の事例の保育者も，仲間のあそびを壊してしまうことの多い新入園児R介に対して，仲間がR介を入れない理由を明確に伝えることで，仲間入りできない原因がR介自身のかかわりにあることに気づいてほしいという願いをいだき，丁寧にかかわったと考えられる。まず相手の気持ちに気づくような言葉かけをし，互いの気持ちや考えを言葉で伝え合う場を設け，言葉を補足してわかりやすい表現に言い換えている。また，具体的な表現を教え，どうしたらよいかも考えさせている。さらに，叩いたりせずに「お口で言う」こと，言葉で自分の気持ちや考えを伝え合うことのたいせつさを確認しているのである。

事例　仲間入り・いざこざ・保育者介入（4歳児1学期）

S也，I男，G斗たちは積み木で遊んでいる。そこへJ男（4歳児からの新入園児）がくる。
J　男：「やー！」と言いながら，みんなが作っている積み木の上に座る。
S　也：「じゃまするんならもう仲間入れない！」と怒る。
J　男：「もう仲間入れないとか＊＊＊」と怒って近寄る。
S　也：J男を追い払おうとして，軽く押す。
J　男：S也の胸を押して突きとばす。
S　也：勢いでうしろに倒れるが，すぐに起き上がって積み木に座り，泣かずにいる。
J　男：そばに来た保育者に「この人がダメって言った！」
保育者：「なんて？　ほら，泣かないでがまんしてるみたいよ。どうしたの？」
J　男：保育者に「あのね，S也くんが仲間に入れないって＊＊＊」
保育者：「J男くんを仲間に入れないのはわけがありそうよ。聞いてみて」
J　男：モジモジしていたが，保育者にうながされて「どうして仲間に入れられないの？」
保育者：「S也くん，言ってごらん」
S　也：「壊したりする。勝手に＊＊＊」
保育者：「作っているところに勝手に座って壊したりするからだって。わかった？　J男くん。わけがあったのよ。入れなくてくやしいのはわかるけど」
保育者：「S也くんもさっきポンって，押してたでしょ？　あんなときはちゃんとお口で言うのよ」
保育者：「J男くん，入れなくて，くやしいからって押していいのかな？　そんなふうにしたら，お友だちはいやなんだよ。J男くんわか

> 　　　　る?」
> 　Ｊ　男：うなずく。
> 　保育者：「どうしようかな。壊さなければいいのかな?　Ｊ男くんは壊す
> 　　　　からだめなんだって。さあ，どうしよう」と言って２人に考えさ
> 　　　　せ，しばらくだまってようすをみる。
> 　Ｓ　也：保育者のほうを見て，小声で「＊＊＊」
> 　保育者：Ｓ也に「ちゃんとお顔見て言わないと。壊したらだめだよって言
> 　　　　わないとね」
> 　Ｓ　也：Ｊ男に「壊したらだめだよ」
> 　Ｊ　男：「わかった」
> 　保育者：「叩いたり，押したりしたのはどうかな?　叩いてごめんねって，
> 　　　　お顔見て言わないと」
> 　Ｊ　男：「叩いてごめんね」
> 　Ｓ　也：「いいよ」
> 　保育者：「叩いたのはいいよって。でも，仲間には入れられないのね?」
> 　　　　とＳ也を見る。
> 　Ｓ　也：うなずく。
> 　Ｊ　男：外のテラスへ行き，１人で座っている。
> 　保育者：少し離れて，Ｊ男のようすをうかがっている。

(3) おしゃべり

　園生活ではさまざまなおしゃべりに出会えるが，仲間と比較しての自分を意識するようになる４歳児ごろから，仲間に負けない自分，仲間より優れた自分をアピールするため，仲間と張り合う姿がよくみられる（岩田，2001）。次の事例では，４歳男児Ａ太とＣ志が「俺なんてな」と行ったことのある場所を自慢したり，Ａ太がＤ巳を仲間に引き入れてＣ志をはずしたりしたが，Ｃ志の「俺なんてな，ブルーファイターとな，結婚したんだぞ!」というナンセンスな発言によって，Ａ太も「ガタッ!」とずっこけて「お前男だろー!」とつっこんだり，「ほんとだ，うっそー!　Ｃ志にキスしたんだ」とふざけたりしていっしょに楽しんでいる。ふざけを取り入れながら仲間と張り合うことを楽しんでいる事例といえるだろう。

> **事例　ジャングルジムと鉄棒・自慢話（４歳児１学期）**
> 　Ａ太とＣ志とＤ巳（Ｄ巳のみ４歳児からの新入園児）はジャングルジムから鉄棒の上に乗り，鉄棒をできるだけ長く渡ってからジャンプする鉄棒渡りジャンプをしている。

2節 あそびのなかでの言語的表現

A太：鉄棒とジャングルジムに足をかけ，C志を見て「俺なんかあそこ行った，公園のな，ジャンボのな，お化け屋敷！」
D巳：「A太くんとジェットコースター乗ったんだよな！」
A太：「ああ。いっしょの公園行ってなー，C志だけ，違うとこ行ったんだよなー」
D巳：うれしそうに「うん」
C志：「俺なんてなー」
A太：「アーアアー」ととび降り，「痛いなー，ゴチーン（頭を叩く），ウワー！　アー！」
C志：「俺なんてな！　俺なんてな！」と大きな声で言う。
A太：騒ぐのをやめてC志を見る。
C志：ふつうの声にもどって「あすこ行ったんだぞ，んーと，後楽園遊園地にな，オーレンジャーのさ，ブルーファイターとさー」とにこにこして言う。
A太：「握手？」
C志：うれしそうに「うん」
A太：「うそー！」
D巳：「僕も行ったよね！」
C志：「ハイハイハイ，握手，握手ー」と頭上で手ばたきしながらとびはねて笑う。
A太：「俺なんかな，あれと会ってきたんだぞ，ぜーんぶ！」
C志：にこにこしながら「俺なんてな，ブルーファイターとな，結婚したんだぞ！」
A太：「ガタッ！」とずっこけポーズをして，「お前男だろー！」とつっこんで笑う。
C志・D巳：大笑い。
A太：「女のと，女の人の赤いヤツは？」
C志：笑いながら「うそだよー！」
A太：「ほんとだ，うっそー！　C志にキスしたんだ」
D巳：「ぼくね，A太と，オーレンジャーの緑，さわったんだよね」
A太：ジャングルジムの上にのぼって「うん」
C志：「俺なんて，俺なんてな，お面でなー」
A太：立ち上がって大声で「ぜぇーんぶさわったんだぞ！」

　一方，次の事例では3歳児のA太とB也が砂あそびの楽しさを確認し合って翌日の約束をするが，けんかの話から「泣き虫，泣き虫，B也」「A太ー，A太ー，ウンチ」と相手をはやしたて張り合っている。しかし，すぐに話題は移ってしまい，張り合うこと自体をともに楽しんでいる前述の4歳児の事例「ジャ

ングルジムと鉄棒・自慢話」とは異なっている。

> **事例　砂あそび・けんかはおもしろい？（3歳児3学期）**
>
> A太とB也は，砂場のそばで砂集めをして容器に入れている。
> A太：容器に砂を入れて盛り上がったのを見て「ダッハーッ」と笑い，「アイスクリームチンチン，アイスクリーチン，アイスクリーチンチン」
> B也：大笑いして「アイスクリーチンチン」
> A太：砂を容器に入れながら「砂場はおもしろいね」
> B也：「ほかのあそび場より，ここのほうがいいよな」
> A太：「うん，超いいよな。明日，明日，あの続き，この続き，やろうな」
> B也：「うん。明日も，けんかしように，しないように遊ぼうな」
> A太：「やだ，けんかする。おもしろいもん」
> B也：「けんかすると，おもしろくないもん」
> A太：「おもしろい！」
> B也：「どこがおもしろいの？」
> A太：「だって，お前泣くんだもん。だから，おもしろいんだもん。泣くとおもしろいんだもん，ワハッ！『泣き虫，泣き虫，B也』って，俺がゆうんだもん」
> B也：立ち上がって両手足を動かして踊り，「俺は『A太ー，A太ー，ウンチ』って言う」
> A太：フタをして「チンチン，満腹ー！　ファイト！」，フタが落ち「スパッ，アイテー！」と笑う。
> B也：「へへッ」と笑う。

　周囲の大人が使う言葉に強い関心をいだく5歳児ごろになると，大人と同じ言葉を使ってみようとする姿が多く観察される。たとえば，園外保育で5歳児は大学の先生から植物や昆虫について教わっていたが，草むらに入っていったK郎が顔を出し，大学の先生に「先生，ここにてんとう虫がいます！」とうれしそうに話しかけた。K郎は大学の先生に対して丁寧語を使っており，相手や状況に応じた言葉の使い分けを学んでいる。次の事例は人気のある5歳女児H穂のインタビューの一部である（[　]内は筆者の発言である）。「気が合う」という大人びた表現や，仲間と家族の血液型などの話題の豊富さが印象的である。あそびなどのさまざまな場面で大人の言葉を試しながら意味を理解し，自分の言葉として獲得することをくり返すことで，大人並みのおしゃべりを楽めるようになるのかもしれない。

> 事例　H穂のインタビュー（一部）（5歳児3学期）
>
> ［いっしょに遊びたい人はいるかな？］うん，S美ちゃん。
> ［どうしていっしょに遊びたいの？］え，鉄棒でクルッて回ったとき，おしゃべりして，何かいつもゲラゲラ笑ってるんだよ。H組（年中組）のときとか。
> ［結構ゲラゲラ笑う子なんだ］そう。私も。それでさ，S美ちゃんと私は気が合うんだよ。A型いっしょだったっけな？
> ［血液型がいっしょなの？］そう。たぶんA型だったと思うよ。
> ［お姉さん，O型なんだ］ふーん。うちって，全然O型いないんだよ。それで，パパがABで，お兄ちゃんがBで，おじいちゃんもBで，Aが3人で，Bが2人で，ABがひとり。Oはいないの。ほんじゃ，おばあちゃんがOだったら，いいよね〜（笑）。

(4) 言葉あそび

　言葉あそびは，言葉を話すことに余裕が生まれ，言葉のおもしろさを感じられる4歳児ごろから観察される。今井（1996, 2000）は，幼児期に見られる言葉あそびの種類として，概念語（共通の特徴をもったもののまとまり），反対言葉，しりとり，なぞなぞ，しゃれ，音節分解（グーで勝ったら「グ・リ・コ」と3歩進む），音韻抽出（ホで始まるもの探し），同音異義語などをあげている。しりとりなどの言葉あそびをとおして，子どもは音韻意識を身につけ，文字の読みを習得していくが（高橋，1997），ウンチ・バカなどのタブー語をつけたり，否定形に変えたりする言葉あそびや替え歌もよく見られる（掘越・無藤，2000）。次の事例では，5歳女児Y沙が自分の名字のシキから連想される指揮者を真似し，V美もY沙の名字から「しきぶとん！　ヤッホー！」と言葉あそびをする。自分や仲間の名前は耳にする機会が多い親しみのある言葉であるため，音の意識化や音からの連想が必要な言葉あそびの対象になりやすいのだろう。

> 事例　ブランコ・英語・言葉あそび（5歳児2学期）
>
> 　V美，Y沙はブランコで向き合い，横のりをしている。ビデオ撮影する観察者に気づき，英語で話しかけてくる。
> 　V美：観察者を見つけて笑いながら手を振り「ヘローヘローヘロー」
> 　Y沙：背後の観察者に気づかず，V美に「ハロー」
> 　V美：観察者を指さし「違うヘローヘロー，そこにいるハローハロー」
> 　Y沙：観察者を見ながらブランコをこぎ「ハロー」
> 　V美：「ヘロー」と言って笑い，"What is this ?" とY沙を指さしてこぐ。

> Y沙：こぐのをやめてビデオのほうにふり返り，笑って自分を指さし"My name（is）Y沙"
> V美：こぎながら"My, my name（is）V，V美"
> Y沙・V美：2人そろえて，横こぎを始める。
> V美：「サァーン，キュウー」と大げさに言って笑ってゆれる。
> Y沙：笑う。
> V美：笑いながら「ランララッタ，ランララン！」と大きくゆらす。
> Y沙：止まって「ちょっとー」とV美を呼ぶ。
> V美：ゆれるのをやめ，Y沙に近寄る。
> Y沙：にこにこして両手を上下に振り，指揮者の真似をする（Y沙の名字「シキ」から）。
> V美：笑いながら「しきぶとん！　ヤッホー！」と再びこぐ。
> Y沙：にこにこして再びこぐ。

　次の事例も名前の言葉あそびであるが，叩いたり蹴ったりの荒っぽいあそびをともない，S司には「砂糖！」，J平には「ジュース！」と互いの名前の言葉あそびではやしたてている。ふだんからいっしょに遊んでいるS司とJ平は，一見ネガティブなやりとりも交互にリズミカルに楽しんでいる。言葉あそびは文字習得の基礎を培うだけでなく，手軽に仲間と楽しめるという点でも優れているのである。

事例　ブロック・言葉あそび・叩き合い（4歳児3学期）

　S司とK治とM夫がホールのござの上でブロックを組み立てている。そこへ，J平が来る。

> J平：S司のそばに来て，背後から「よっとこしょ」とS司の頭を軽く叩く。
> S司：「何だとー！　オイ，J平！」とおどけた声で，J平の頭を軽く叩き返す。
> J平：少し考えてからうれしそうに「ジュース（J平の名前から）」
> S司：「ジュース！」とニコニコしてはやす。
> J平：少し考えて「砂糖！（S司の名前から）」とはやして笑う。
> S司：少し考えて「ジュリー，ジュリー，ジュリー！（J平の名前から）」とうれしそうにはやしたてながら笑う。
> J平：うれしそうに「砂糖！」と大声で笑う。
> J平：「さ，S司！　サカタS司！」と大声でおどけた口調でS司をさす。
> S司：うれしそうにJ平に抱きつき「タケナカJ平ー」とおどけた口調で言う。
> J平・S司：「やり直し！」で，2人は離れてピョンピョンとぶ。

> J平：「やるかー！」とジャンプしてS司の頭を叩く。
> S司：ジャンプしてうれしそうにJ平の頭を叩いて「やるか！」
> J平：「やるんだよ！」とうれしそうにS司を叩く。
> S司：「アー！」とおどけ，J平に軽く蹴り返す。
> J平：「砂糖！」とS司の頭を叩く。
> S司：「アイテ！」とおどけ，うれしそうにJ平の頭を叩いて「ジュース！」
> J平：うれしそうに「S司！」とS司の頭を叩き返す。
> S司：「イテッ！」と頭を押さえるが，「何だ，このJ平！」とにこにこしてJ平を叩く。
> S司・J平：顔を見合わせてにこにこ笑って座り，ブロックを組み立て始める。

3——環境としての言葉

(1) 絵本・お話

　子どもは，保育者や仲間といっしょに絵本やお話に親しむなかで，心地よい言葉や未知の言葉にふれ，新たな世界への興味が広がっていく。園での読み聞かせでは，想像上の世界を他の仲間と共有して一体感を味わうことができ，その興奮があそびにつながる場合もある。今井（1996）は，『おしいれのぼうけん』（古田・田畑，1974）を読んでもらった4歳児が，押入れに入って遊び出したようすを紹介している。用務員さんに注意を受けても「だって押入れに入ると大冒険ができるんだよ」「ねずみばあさんだってでてくるの，知らないの？」と遊びたい一念で対抗し，遊んだあとにかたづける約束で了解を得ると，1か月以上「おしいれのぼうけんごっこ」を楽しんでいたという。さらに，子ども自身がお話を作って新たな世界をつくり出すこともある。4歳児でも日常的な題材なら構造的には大人と変わらないお話を作り出し，5歳児になると自分の体験にないテーマでも独自の世界をつくり出すのである（内田，1986）。

(2) 名札・看板

　幼稚園教育要領では，「(9) 日常生活の中で簡単な標識や文字などに関心をもつ」（環境）ことや，「(10) 日常生活の中で，文字などで伝える楽しさを味わう」（言葉）ことが掲げられ，文字などの記号の果たす役割への関心と理解が無理なく育つような環境づくりと，文字などの記号が人に何かを伝えるコ

ミュニケーションの道具であることに気づけるような援助が必要とされている。そのため、園生活でもふだんから文字に親しめるように、発達に沿った文字環境が用意されている。たとえば、ロッカーや引き出しの名前は、3歳児のころはマークと文字で示され、おもにマークを見て自分の場所を理解している。4歳児になるとマークだけでなく自分の名前の文字もわかるようになり、5歳児では文字だけで示されたり、子どもが書いた名前の紙が貼られたりする。

また、5歳男児A太たちは砂場にトンネルつきの大きな山を午前中に作ったとき、5歳児のお弁当の間に3,4歳児が壊さないよう保育者にも気をつけてもらうため、「こわさないでください」の看板を立てた。文字に残すことで、その場にいなくても「こわさないでほしい」思いを複数の第三者に伝えられるという文字の特徴を、A太たちは必要性に迫られて利用したのである。

(3) 手紙・プレゼント

子どもは何かを伝えたいという思いから、自分で文字を書こうという意欲が生まれる。お手紙ごっこやお店やさんごっこのようなあそびや、お礼の手紙、プレゼントなども文字を書くきっかけになる。図4-3は、5歳女児Z美が4月に観察者へプレゼントしてくれたワッペンである。作るだけでなく、だれかにプレゼントすることが楽しいのだろう。ワッペンの「せんせいに」の文字は、Z美が「せんせいにプレゼントしよう」という目的をもって書いたことを物語っている。

幼児期の子どもの手紙は見知らぬ人ではなく、親しみのある相手へ向けて送られることが多い（横山ら、1998）。親しいからこそ伝えたい思いが明確になり、文字を書きたい気持ちもうながされる。手紙が完成すれば、達成感とともに文字を書く楽しさ、相手に読んでもらう喜びを感じることができ、自分宛に手紙が届けば、そのうれしさから文字を読みたい気持ちがうながされ、期待して読む楽しさを味わうことができる。図4-4は、筆者の姪M子（5歳

厚紙に絵が描かれ、うしろには輪にしたセロテープが貼ってある。

図4-3　Z美のワッペン（5歳児1学期）

児）が，遠くへ引っ越す筆者に宛てて3月に書いた手紙である。大好きなお化粧あそび相手の筆者が遠くへ行ってしまうのでがっかりしているようすがよく伝わってくる。宛名と差出人名をのぞいて4文から構成され，M子が一所懸命取り組んだことのうかがわれる手紙である。

　以上，園生活のなかで観察される子どもの言語的な表現を取り上げてきた。子どもと接するとき，子どもが意識的に表現しようとする言語的表現に注目することはたいせつだが，無意識のうちに示される言葉や身体的表現に着目することも必要である。言語的・身体的表現を照らし合わせて，子どもの思いを丁寧に理解しようとする姿勢，そして，豊かな環境を整え，子どものモデルとして言語的・身体的表現をいっしょに楽しむ姿勢が保育者には求められている。

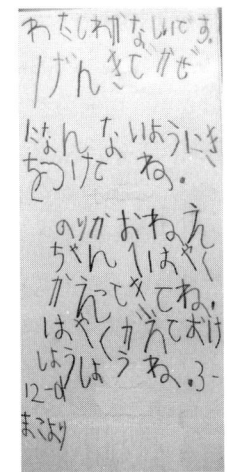

「わたしわ　かなしいです。げんきでかぜになんないようにきをつけてね。おねえちゃんへ　はやくかえってきてね。はやくかえて　おけしょうしようね。M子より」

図4-4　M子の手紙（5歳児3学期）

3節　あそびにおけるからだをとおしてのかかわり

1──保育におけるからだ

　保育のなかで子どもたちが遊ぶとき，そこには常に「からだ」がある。たとえば，保育所や幼稚園でよく見られる砂あそび──手で砂をかき出して穴を掘る。水の入った重たいペットボトルを両手で持ち上げ穴に水を注ぐ。裸足で穴に入って水の感触に「うひゃぁぁ〜」と顔をほころばせて歓声をあげる──手，足，顔，声──このように，さまざまな身体的行為が積み重なってあそびが展開する，というよりも，多様で具体的な身体的行為が積み重ねられる過程そのものがあそびであるといえる。

　幼稚園教育要領の領域「健康」では，「内容の取り扱い」において，「<u>しなやかな心と体の発達を促すこと</u>」とある（下線筆者）。この「しなやか」という文言の背景には，心と体の結びつきをより重視しようという考えがある（時代

の変化に対応した今後の幼稚園教育の在り方に関する調査研究協力者会議，1997；無藤，2000)。「しなやか」という言葉は「強さ」「たくましさ」だけではない，周囲のさまざまな物理的人的環境に開かれ，柔軟に対応できるという意味で，より心と結びついたすこやかさを意味している（無藤，2001）。したがって，保育のなかでからだを考えるとき，たんなる物理的なモノとしてではなく心のありようも含み込んだものとしてとらえる必要がある。実際，保育所や幼稚園での子どもたちは，フライパンで熱せられたポップコーンのようにとびはねたり，風になびくリボンのように軽やかに走り回ったり，石のように固く立ちつくしたり，しおれた花のように生気なく座り込んだり，というようにその時どきの心のありように応じた表情や動きをみせる。

　本節では具体的な研究，とくに子どものあそびにおける「他者と同じ動きをする」という現象に関する研究（砂上・無藤，1999；砂上，2000；砂上・無藤，2002）を手がかりに，心と深く結びついた子どものからだのあり方に焦点を当て，あそびにおけるからだの意味や機能について考えてみたい。

2——子どもどうしのかかわりはからだとからだとのかかわりである

　保育のなかで子どもたちが遊ぶというとき，n人で遊ぶならば，n個のからだがそこに存在することになる。このとき重要なことは，n個のからだがただそこに「ある」だけではなく，それらのからだによって子どもは他者とつながり，かかわりを生み出していくということである。無藤（1997）は，人間関係を「からだを持ったもの同士の関係」であり，同じ場所にいて表情やからだの所作を共有することが人間関係の基本であるとしている。

> **事例　どろたこやきしゅつどう（4歳児5月）**
> 　幼稚園の砂場でT（男児）はたこやきの型のような容器に水と砂の泥をつめて「たこやき」を作る。砂場から少し離れた場所で5歳児クラスの男児が「うわーん」と大きな声で泣き出す。Tは泣いている男児を見て「どろたこやきしゅつどう」と言って，泥で作ったたこやきを男児のところに持っていく。Tは「どうぞ」とたこやきを泣いている男児に差し出す。

　この場面で，男児が泣き出したのを見てからTくんが動き出していること，「しゅつどう」というテレビのヒーローのような発話をしていること，Tくん

が自分で作ったたこやきを差し出していることなどから，Tくんには泣いている男児を助けたい，なぐさめたいという「思いやり」の気持ちがあったのだろうと思われる。このように，子どもは常に具体的な行動をとおして人とかかわる。「思いやり」や「やさしさ」といった幼児期に育つことが期待される心性も，抽象的な概念として存在するのではなく子どもの具体的な行動をとおして現われるものだといえる。そして，それはより細かくみていくと，そばに寄る，しゃがむ，差し出すというような具体的なからだの動きから成り立っているのである。

3──あそびをとおして広がるからだの動き

あそびのなかの子どもの行動は，Tくんの「どろたこやきしゅつどう」という言葉に表われているように，さまざまなイメージを含み込んで，日常の生活場面ではみられないような多様なからだの動きを生み出していく。たとえば，幼児期に特徴的なごっこあそびのなかで，ハムスターなどの動物，ポケットモンスター，お姫さまなど架空のキャラクターを演じることは，イメージの世界が豊かになるだけでなく，そのふりをとおしてからだの動きの幅を広げていくことでもある。その他，鬼ごっこやなわとびなどの運動あそびや音楽にあわせて歌い踊る表現的なあそびはもちろんのこと，あそびの数だけ多様なからだの動きが経験される。つまり，子どものからだの動きによってあそびが展開するとともに，あそびが子どものからだの動きの多様性を増し，豊かにしているのである。

4──子どもにとっての他者と同じ動きをすること

> **事例　がんばれ，がんばれ（4歳児6月）**
>
> 　プラレールあそびで，レールの上を走ってくる電車を待ち受けるように，レールの端にK（男児）とA（女児）とY（女児）が並んで立って，電車をじっと見ている。Aが自分のほうに向かって走ってくる電車を見ながら「がんばれー」とつま先立ちをしてからだを上下させて言うと，隣にいたYも「がんばれ，がんばれ」と言いながら大きくとびはねて，隣のAを見る。AもYと同じくらい高くとびはねて，2人でいっしょにピョンピョンととぶ。

第4章 あそびとの出会い

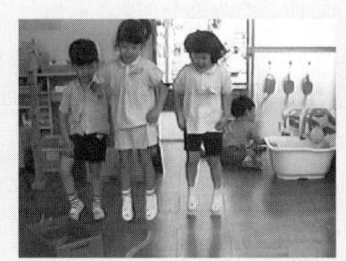

図4-5 「がんばれ、がんばれ」　　図4-6 2人でピョンピョン

　これは筆者が幼稚園の観察で出会った事例である。どこの保育の現場でも見られるささやかな，ほほえましい子どもどうしのやりとりである。けれども，こうしたやりとりが成立するには，何よりもまずそこにAちゃんとYちゃんのからだがあり，それぞれがとびはねるという同じ動きをすることが必要になる。Aちゃんが電車を「がんばれー」と応援するのに続けて，Yちゃんも同じようにからだを動かすからこそ，2人の電車に対する「がんばれ」という気持ちととびはねる動きが増幅され，共有されて「2人」のあそびになるのである。見方を変えれば，子どもにとって「がんばれ」と思うことととびはねることは別々に生じるのではなく，1つのこととして経験されているといえる。前述したように，子どもの心とからだは密接に結びついており，他者と同じ動きをすることは，それぞれの場面においてその動きに重なる形で子どもたちの間のさまざまな気持ちをつなぎ，人とのかかわりを成り立たせていると考えられる。事実，先行する研究において，この事例のように他者と同じ動きをすることは，「模倣」「相互模倣」「遊びの伝染」などとして乳幼児期の子どもどうしのかかわりの成立と展開において重要であることが指摘されている（Eckerman et al., 1989；無藤，1997；山本，2000）。

　この事例のなかでAちゃんとYちゃんはレールの端に並んで立っており，AちゃんとYちゃんはお互いのからだの動きをほとんど見ることなしにとびはねるという同じ動きをしている。このことは，他者と同じ動きをすることが，たんに他者のからだを向こう側においてその動きを写し取ること（視覚的対象化）ではなく，他者とともにこちら側にいて同じからだの動きを導くような感覚，他者のからだと自分のからだが通じ合っているような感覚を共有することであ

ることを示唆している。このような相手のからだに生じていることと類似の状態が自分のからだにも生じるようなからだのあり方は「間身体性」(Merleau-Ponty, 1964) とよばれ，こうしたからだの間の通じ合いが他者と同じ動きをすることを支えているといえる。

他者と同じ動きをすることは，新生児の前で舌を出し入れしたり口を開閉したりすると新生児も同様に舌や口を動かすといった（Meltzoff & Moore, 1977）「初期模倣」あるいは「共鳴動作」という現象として人生の最初期から見られる。浜田（2002）は子どもの模倣の発達を図式化するなかで，反射的行動である「共鳴動作」，モデルとなる他者が目の前に直接いるところでの模倣である「直接模倣」，モデルが目の前からいなくなった後に，モデルを直接見聞きせずに行なう模倣である「延滞模倣」を区別しつつ，これらいずれの背景にもからだの同型性に基づく，「人間の本源的な共同性」が存在すると指摘している。

以上から，他者と同じ動きをすることは，人間が他者とかかわり，関係を築くうえで非常に重要な行為であるとともに，それはそこに生きる人間のからだによって支えられているといえる。そして，このことは保育のなかの子どものあそびにおいてもあてはまる。したがって，子どものあそびにおける他者と同じ動きをすることに注目することは，あそびにおける子どもの人とのかかわりおよびそれを支えるからだのあり方を知ることにつながるといえる。

以下では，保育のあそびのなかで子どもたちがどのように他者と同じ動きをし，それがどのように子どもたちの間をつないでいるのかを具体的にみていくことにしたい。

5 ── 子どものあそびにおける他者と同じ動きをすることの意味

(1) 仲間意識の共有としての他者と同じ動きをすること

> **事例　うはは（4歳児6月）**
>
> 　F（男児）とH（男児）は同じようなブロックの銃をそれぞれ持って，廊下のロッカーの仕切りのなかに1人ずつ入る。Hはロッカーのなかにしゃがんで「うわぁー，気持ちいい」と言う。Fは隣のロッカーにいるHをのぞき込みながら「うははははうはははは」と楽しそうに笑う。2人がロッカーからでた後，F

第4章 あそびとの出会い

が「うはは」と笑って，廊下を園長室のほうへ走り出す。Hから少し離れたところで，Fが廊下の床にお尻をつけて寝転んでいると，HはFのほうへ走っていって，Fの隣で床にお尻と背中をつけて寝転ぶ。Fが立ち上がって，「キャアァァァァァアー」と大きな声を出して保育室に走って入っていくと，Hも「はぁ」「ははは」と笑いながら保育室のなかへFのあとを追うように走って入っていく。FとHは先生たちがモルモットの世話をしているそばに来て，そのようすを見る。Fが「バンバンバン」とタライのなかのモルモットをブロックの銃で撃つふりをすると，Fもすぐに「バンバンバン」とブロックの銃をタライに向けてモルモットを撃つふりをする。

図4-7　寝転ぶFくんにかけよって　　図4-8　Fくんといっしょに

　この事例に登場するFくんとHくんは，この事例が見られた時期には他の男児も含む4人組のグループでいっしょに遊ぶ姿がよく見られた。その男児グループのなかでもFくんとHくんは，他の子どもに比べてあまり自分を強く出すタイプではないところや，なんとなく穏やかな感じが共通点となってとくに仲がよいと観察者である筆者には感じられていた。クラスの先生方との話し合いのなかでも「Fくん，Tくんは積み木などを最後まで作る」といった2人の共通点が指摘されており，そうしたことからもこの時期の彼らはお互いにとってよきあそび相手だったといえる。また，このエピソードが見られた日にこのエピソードの後もFくんとHくんは黒猫ごっこなどをしてずっといっしょに遊んでいたこと，このエピソードが見られた日の前後の観察においてもFくんとHくんがいっしょに遊んでいる姿がよく見られたことから，この時期のFくんとHくんの関係は，活動の種類や時間と空間を通じて比較的安定した持続的な仲がよい関係だったといえる。

　この事例では，Fくんが廊下に寝転ぶとHくんもFくんの隣に寝転ぶ，またFくんがモルモットを銃で撃つふりをするとHくんもモルモットを銃で撃つふ

りをするというように，FくんとHくんの間に同じ動きをすることが見られる。そのようすは，「うはは」などの笑い声をともなって，とても楽しそうな雰囲気を醸し出しており，この事例における他者と同じ動きをするという現象は，そうした快の気分の共有に重なっているといえる。そして，さらにこの時期のFくんとHくんのなかのよさと，いまここでいっしょに遊んでいるという仲間意識も，この事例における同じ動きをすることに深くかかわっているのではないかと考えられる。

　無藤（1997）は「同時的でも継時的でも多少の変異があっても基本としては同じことをすることが『一緒』であること，つまり協同性を確立する基盤なのだろう」と指摘しているが，身体的行為，なかでもとくに同じ動きをすることが子どもの関係にとって有効であるのは，同じ動きをすることは自分自身にとっては内受容的身体感覚に，他者にとっては視覚に訴えることによって，子どもの間の「親しさ」や「協同性」に確かな実在感をもたらすからではないかと考えられる。偶然であっても，他者が自分と同じ動きをすることを目のあたりにすることは，自分と相手との間になんらかのつながりを感じずにはいられないのではないだろうか。

　したがって，仲がよい関係というものを，特定の他者に対する肯定的感情の集積と持続であると同時に，具体的な場面での表情やからだの所作の共有の集積であると考えた場合，この事例におけるFくんとHくんのように，子どもがあそびのなかで他者と同じ動きをすることは，それを行なう子どもの間の仲がよい関係およびそれにともなう仲間意識に密接にかかわっていると考えられるのである。

(2) イメージの共有としての他者と同じ動きをすること

　　事例　よし，ポケモンを出そう（4歳児7月）

　　　園庭の鉄棒のところでK（男児）が「よし，ポケモンを出そう」と言って，「○○ガメでてこい」と右手を左肩の前に振り上げるようにして言う。Y（男児）も「ヒトカゲでてこい」と右手を前に突き出して，右足も斜め前に出して言う。Kは左手の人さし指を立てて左腕を斜め前に突き出しながら「正義の味方」とテレビのヒーローのきまり文句を言って，両手を下ろして「星獣戦隊（ギンガマン）」と言ってとび上がる。YもすぐにKと同じように少し足を開いてとび上がる。そばにいたT（男児）がKのせりふに続けるように「ギンガマン」と

第**4**章 あそびとの出会い

声をかける。Kは「じゃなくって」とTに言って,「ポケモン」と威勢よくカエルのように両手のひじを曲げて中途半端なばんざいのようにとび上がる。Yもすぐに「ポケモン」と言って,両手で円を描くようにしてとび上がる。

図4-9 「ポケモン」ととび上がる　　図4-10 Yくんもいっしょに「ポケモン」

　この事例は,荷車に空き箱をたくさん積んで,Kくんたちがゴミ収集車ごっこ(らしきもの)をしていた延長線上で生じたものである。事例の冒頭の「よし,ポケモンを出そう」というKくんの発話は,それまでのゴミ収集車ごっこの流れからすると唐突な提案であり,おそらくこの発話からポケモンごっこが始まったと思われる。

　この事例では,Kくんが「○○ガメでてこい」と右手を左肩の前へ振り上げると,Yくんも「ヒトカゲでてこい」と右手を前に突き出すこと,Kくんが「ポケモン」と言って威勢よく両手と両足を広げてとび上がると,Yくんも「ポケモン」と言って両手で円を描くようにしてとび上がるといった他者と同じ動きをすることが見られる。ここでは「○○ガメ」(おそらく「ゼニガメ」)や「ヒトカゲ」などのイメージを表わす発話が手を前に出す,とび上がるなどの動きとともに生じ,発話とからだの動きが一体となってKくんとYくんの間でくり返されている。

　この事例で興味深いことは,イメージと一体となったからだの動きが必ずしもそのイメージが本来さし示すものの描写にはなっていないこと,KくんとYくんが演じるキャラクターと彼らの動きとの類似性以上に,KくんとYくんの間での動きの類似性のほうが高いということである。もちろん,具体的なキャラクターを演じている際には,KくんやYくんはそのキャラクターの動きとしてからだを動かしているつもりなのだろう。しかし,前述したキャラクターは

それぞれ違うキャラクターであるはずなのに，どれも両手を上方や前方へ動かす，垂直にとび上がるという少ない動きのバリエーションによって演じられており，キャラクターごとの差異はほとんど見いだせない。その意味で，「ゼニガメ」や「ヒトカゲ」などの異なるキャラクターを演じる際にKくんとYくんの間に同じ動きが見られることは，同じ動きをすることで自分が演じているキャラクター以外のなんらかのイメージが2人の間で共有されていたと考えられる。それは，自分たちが演じているキャラクターは「ポケモン」という同じ類に属するものであり，自分たちのあそびは「ポケモンごっこ」であるというあそびの設定自体についてのイメージだったのではないだろうか。つまり，個々のからだの動きがそのキャラクターにどれだけ似ているかという描写の正確さではなく，2人の間での動きの類似性の高さによって，KくんとYくんはそれぞれが演じているものが同じ「ポケモン」であることを互いに了解していたと考えられるのである。Kくんの「よし，ポケモンを出そう」を合図にポケモンごっこが始まったにもかかわらず，Kくんが唐突に「星獣戦隊（ギンガマン）」というポケモン以外のキャラクターの名前を出したときにも，YくんがすかさずKくんと同じようにとび上がっていることを考えると，この事例におけるKくんとYくんの同じ動きは，<u>2人の「ポケモンごっこ」を成立させるために共有</u>されたものであり，この事例での「ポケモンごっこ」という設定自体を支えるためのものであると考えられるのである。

　ごっこあそびでは，状況設定や役割配分に関して言葉によるやりとりが重要な役割を担うことが指摘されている（内田，1986；加用，1998；田中，1996）。しかし同時に，この事例にみられるように，ごっこあそびのイメージを伝えるものは言葉だけでなく，からだの動きもまたイメージを表現するうえで非常に重要な役割を担っているといえる。木下（1998）は，1歳代におけるふりあそびに順次異なるモード（様式，様態）が現われることを指摘しつつ，古いモードが新しいモードに置き換わるのではなく，モードが発達とともに多重化していくという「『ふり』理解モードの多重化」を提案している。おそらく，言語能力の発達によって幼児期初期のごっこあそびでイメージの表現の中核を担っていた動作に言葉がともなうようになっても，言葉が動作に置き換わるわけではなく，動作というからだの動きは言葉とともに依然としてイメージの表現や

共有において重要な役割を維持し続けると考えられる。だからこそ，ごっこあそびのなかで他者と同じ動きをすることがイメージの共有に重なると考えられるのである。

(3) 場の共有としての他者と同じ動きをすること

事例　こっちから入ってごらん（4歳児9月）

　遊戯室でTが積み木やソファを組み合わせて宇宙船を作る。Yが「Tくん，入ーれーて」と言うと，Tは「いーいーよ」とこたえる。Yが宇宙船のそばに寄ってくると，Tは「ちょっと待って」「待って」「こっちから入ってごらん」と宇宙船の最後尾の積み木の上に板がわたしてある橋のような場所を指さす。Tは板の上に足をのせて「のぼってください」と言って，宇宙船をなぞるように指を動かして，宇宙船に入る手順を示す。Yも板の上にのって歩く。Tは「次はここ」と言って板のさきにある椅子を指して，椅子の上にのぼる。Tが椅子からさらにそのさきにあるソファをまたぐと，Yもソファをまたぐ。Tが宇宙船の操縦席にあたる1人がけのソファに座ると，Yもその隣の1人がけのソファに座る。

図4-11　「次はここ」　　　図4-12　Tくんに続いてソファへ

　この事例のTくんは，自分で積み木などを組み合わせて大きな宇宙船や基地などの場を作ることがよく観察されていた。この事例は，Tくんが積み木やソファなどを組み合わせて作った大きな宇宙船にYくんが入り，そのあそびに加わる仲間入りの場面である。前述の「がんばれ，がんばれ」「うはは」「よし，ポケモンを出そう」と同様に，この事例においても板の上や椅子にのぼる，ソファをまたぐなどの他者と同じ動きをすることが子どもたちの間に見られる。しかし，この事例では，前述の事例とは異なり，「こっちから入ってごらん」「のぼってください」というように，Tくんが Yくんに場の使い方に関する指示を出し，Yくんがそれに従うことによって，他者と同じ動きをすることが生じて

いる。

　「子どもたちがいっしょに遊ぶ」というとき，それはほぼすべての場合において，空間的に近接し，1つの場に集まるということを意味する。子どもたちがいっしょに遊ぶことは「場を共有する」ことでもある。この事例のTくんが作った宇宙船のように，保育のあそびのなかでは子どもが大型積み木などを使ってお城や基地などを作ることがよく見られる。そして，そのほとんどにおいて，そこにはなんらかの見たてやごっこあそびの要素（家，基地，宇宙船など）が含まれるため，「他者といっしょに遊ぶ」ためには，そこで使用されている積み木やブロックなどのものそれ自体の性質に適切にかかわること以上に，ものそれ自体の性質から離れたイメージを共有しそれに応じた動きをすることが必要となる。では，どのようにして子どもたちはあそびのなかでその場にふさわしい動きをしているのだろうか。

　その問いに対する答えとなるのが，この事例にみられるような具体的な場の使い方を指示することなのである。筆者の研究（砂上・無藤，2002）では，ある子どもが作った場に他の子どもが入る場合，その場を作ったあるいはさきにその場にいた子どもが，あとから入ってくる子どもにその場の使い方（入り口の場所，コースの進み方など）に関する指示を出す，あるいはあとから入ってくる子どもが，その場を作ったあるいはさきにその場にいた子どもに場の使い方を質問することが見いだされている。つまり，あそびのなかで子どもが作った場においては，その場を作ったあるいはさきにその場にいた子どもに場の使い方を決める権利があるという原則が存在するのである。こうした原則があるからこそ，あとから場に入ってきた子どもはその場を作ったあるいはさきにその場にいた子どもが指示する場の使い方に従うことで，その場にふさわしい動きをすることができるのである。

　そして，ここで重要なことは，「場の使い方」というものが，板の上にのぼる，ソファに座るといった具体的なからだの動きとして子どもたちに共有されているということである。つまり，場を共有するということは，場の使い方という意図の共有であると同時に，具体的な動きという身体性の共有でもあり，それはすなわち他者と同じ動きをすることにほかならないのである。前述の事例「うはは」でみたように「他者と同じ動きをする」という行為が子どもどうしの仲

第4章　あそびとの出会い

間意識の共有に密接にかかわっている（砂上・無藤，1999）という知見をふまえると，場の共有に際して子どもが他者と同じ動きをすることは，同じ場に参加し，いっしょに遊んでいるという仲間意識の共有に通じる部分があると考えられる。また，前述の事例「よし，ポケモンを出そう」でみたように，ごっこあそびにおいて同じ動きをすることがイメージの共有に重なる（砂上，2000）という知見をふまえると，子どもが作る場にはなんらかのイメージが込められていると考えられることから，場の共有に際して他者と同じ動きをすることはそこで展開されるごっこあそびなどのイメージの共有にも通じる部分があるといえる。つまり，「場を共有する」ということは，仲間意識やごっこあそびのイメージという目に見えないものを，からだの具体的な動きという目に見えるものとして共有することなのである。

　子どもたちが場を共有しいっしょに遊ぶことは，一瞬一瞬の子どものからだの動きの積み重ねによるものであり，そこでは無数の動きの選択肢のなかからその場にふさわしい動きを選択することが求められる。だからこそ，「場の使い方」というからだの動きの選択肢を狭め，からだの動きをある程度規定するものが，子どものあそびにとって非常に重要になるのだといえる。

　保育におけるあそびのなかで，子どもたちは自由に遊ぶ。しかし，だからといってそれは必ずしも無秩序なものではない。むしろ，活動の自由度が高ければ高いほど，他の子どもといっしょに遊ぶためにはなんらかの原則が必要となる。重要なことは，本節の各事例が示しているように，そうした原則が実際のあそびのなかでは具体的なからだの動きとして実践されるということである。からだの具体的な動き，とりわけ他者と同じ動きをすることは，仲間意識やイメージ，場の使い方といった目には見えないものをからだの動きによって目に見えるものにするという機能をもっており，そのことが子どもたちの間のつながりに実在感をもたらし，子どものあそびを支えていると考えられる。その意味で，子どものあそびは常にからだをとおして行なわれるものであり，からだぬきにはあそびは成立しないといえる。

6 ── 子どものあそびにおけるからだを研究することの意味

　子どものあそびを理解し，それについての学びを深めようとするならば，本節でみてきたように，あそびのなかで子どものからだがどのように動き，からだとからだがどのようにかかわり，つながりを生み出しているのかを丁寧に見ていくことが必要である。瞬間に出現して消え去り，また次の瞬間に新たな動きが出現して消え去り…というように，子どものからだの動きは細かくとらえどころのないものである。けれども，そうした子どもの細かな動き，ささやかなやりとりに目を凝らすことによって，子どものあそびの奥深さ，子どもがあそびのなかで実践し，学んでいることの複雑さと豊かさが発見されるのである。具体的でささやかな行為とその積み重ねこそが子どもの発達と保育実践の本質だといえる。

　そのように保育のなかの具体的でささやかな行為をとらえることは，保育の現場に赴き，子どものあそびを観察し，記録することの積み重ねによって可能となる。それは保育者の感じ方や見方を共有しながら，保育のなかの子どもの姿とその育ちをとらえていくという保育の現場に共感的に寄り添うことを基盤とするものである。そして，そのような研究は，研究の過程それ自体が研究者にとっては保育実践についての理解の過程となり，保育者にとっては日々の子どもの姿をよりこまやかにとらえ，子どもと保育実践についての理解を深める契機となることをめざすものである。

［付記］
　本節を執筆するにあたり，長年にわたって観察させていただくとともに，事例の画像使用を許可してくださったM幼稚園の先生方，園児のみなさま，保護者のみなさまに心よりお礼申し上げたい。

研究課題

1. 保育所や幼稚園に入り，自由あそびをしている子どもたちが「どのようにあそびを始めるか」，「どのようにあそびを終わらせていくか」を観察してみよう。
2. 保育所や幼稚園，電車やバスのなか，公園，デパートのおもちゃ売り場へ出かけて，子どもウォッチングをしよう。子どもは他の子どもや大人とどのような話をしているだろうか。おもしろいと思った点，疑問点をあげて，みんなで考えてみよう。

第4章　あそびとの出会い

3．保育所や幼稚園などで子どものあそびを観察し，そこで見られる子どものからだの動きをできるだけ細かく記述し，子どもの動きにはどのような種類があるか，それにはどのような意味があるか，分析してみよう．

推薦図書

- 『AV機器をもってフィールドへ―保育・教育・社会的実践の理解と研究のために』　石黒広昭（編）　新曜社
- 『子どもとことばの世界』　今井和子　ミネルヴァ書房
- 『協同するからだとことば』　無藤隆　金子書房

引用(参考)文献

■1章
Flick, U. *Qualitative Forschung.* 小田博志・山本則子・春日常・宮地尚子(訳) 2001 質的研究入門 春秋社
箕浦康子 1999 フィールドワークの技法と実際 ミネルヴァ書房
中村雄二郎 1992 臨床の知とは何か 岩波書店
佐藤郁哉 1992 フィールドワーク―書を持って街へ出よう― 新曜社
下山晴彦 1997 臨床心理学の「学」を考える やまだようこ(編) 現場心理学の発想 新曜社 Pp.99-119.
やまだようこ 1997 モデル構成をめざす現場心理学の方法論 やまだようこ(編) 現場心理学の発想 新曜社 Pp.161-186.
やまだようこ 2001 現場心理学における質的データからモデル構成プロセス 質的心理学研究, 1, 107-128.

■2章
Corsaro, W. A. 1985 *Friendship and peer culture in the early years.* Norwood, NJ: Ablex.
藤本朝巳 2000 昔話と昔話絵本の世界 日本エディタースクール出版部
Goffman, E. 1961 *Asylums.* Garden City, N.Y.: Anchor. 石黒毅(訳) 1984 アサイラム 誠信書房
原尻英樹 1998 「在日」としてのコリアン 講談社
原野明子 1992 引っ込み思案幼児の社会的相互作用の維持に関わる要因 心理学研究, 63, 77-83.
原野明子 1993a 幼児の仲間入り場面における仲間の意図の解釈と方略 広島大学教育学部紀要, 41, 221-226.
原野明子 1993b 幼児の仲間入り場面における他者の意図の解釈の手がかり 日本教育心理学会第35回総会, 106.
原野明子 1994 自然場面における幼児の遊びの開始の様相 日本発達心理学会第5回発表論文集, 245.
原野明子 1995 自然場面における幼児の遊びの開始の様相(2) 日本発達心理学会第5回発表論文集, 193.
倉持清美・無藤隆 1991 幼稚園の仲間入り2 日本発達心理学会第2回大会発表論文集, 155.
倉持清美・柴坂寿子 1997 幼稚園のお弁当時の話題 日本発達心理学会第8回大会発表論文集, 13.
倉持清美・柴坂寿子 1998 園生活の中で話される家の行き来話題の機能 日本家政学会誌, 49, 761-768.
宮内洋 1995 北海道における外国籍園児の現状―幼稚園に対する聞き取り調査をもとに― 北海道大学教育学部紀要, 68, 177-190.
宮内洋 1997 外国籍園児が在籍する北海道の幼稚園 季刊子ども学 特集:クロスカルチャー, 17, 116-123.
宮内洋 1998a 外国籍園児のカテゴリー化実践 山田富秋・好井裕明(編) エスノメソドロジーの想像力 せりか書房 Pp.187-202.
宮内洋 1998b 「韓国・朝鮮」籍の子どもが通う日本の幼稚園―エスノグラフィーの記述におけるひとつの試みとして― 志水宏吉(編) 教育のエスノグラフィー 嵯峨野書院 Pp.151-171.
宮内洋 1999a 沖縄県離島部における幼稚園生活のエスノグラフィーの覚え書き 北海道大学教育学部紀要, 78, 111-146.(後に, 心理学の新しい表現法に関する論文集 第8号, 2001年に再録)
宮内洋 1999b 「多文化保育・教育」とクラス編成 保育学研究 特集:幼児の多文化教育, 37(1), 35-42.
宮内洋 1999c 私はあなた方のことをどのように呼べば良いのだろうか? 在日韓国・朝鮮人? 在日朝鮮人? 在日コリアン? それとも?―日本のエスニシティ研究における〈呼称〉をめぐるアポリア― 在日朝鮮人研究会(編) コリアン・マイノリティ研究, 3, 5-28. 新幹社(後に, 宮内 2005に収録)
宮内洋 2005 体験と経験のフィールドワーク 北大路書房
宮内洋 2008 〈生活―文脈主義〉の質的心理学 無藤隆・麻生武(編) 質的心理学講座 第1巻 育ちと学びの生成 東京大学出版会 Pp.191-215.
無藤隆 1992 子どもたちはいかに仲間か否かを区別するか 科学朝日6月号, 18-23.
斉藤こずえ 1986 仲間関係 無藤隆・他(編) 子ども時代を豊かに 学文社
柴坂寿子・倉持清美 1998 幼稚園のお弁当時の話題(2) 日本発達心理学会第9回大会発表論文集, 51.
柴坂寿子・倉持清美 1999 園生活の現実としての仲間と仲間文化―ある幼稚園児の事例から― 子ども社会研究, 5, 109-123.
柴坂寿子・倉持清美 2003 園生活の中で泣きが多かったある子どもの事例―園における個人史と変容― 質的心理学研究, 2, 139-143.
滝川一廣・佐藤幹夫(聞き手・編) 2003 「こころ」はだれが壊すのか 洋泉社
田中宏 1995 在日外国人(新版) 岩波書店

財団法人入管協会　2008　在留外国人統計　平成20年版

■3章

Aboud, F.　1988　*Children and prejudice*. New York: Basil Blackwell.
麻生武　1992　身ぶりからことばへ―赤ちゃんにみる私たちの起源―　新曜社
麻生武・伊藤典子　2000　他者の意図に従う力・逆らう力　岡本夏木・麻生武（編）　年齢の心理学―0歳から6歳まで―　ミネルヴァ書房　Pp.63-101.
Bowlby, J.　1969　*Attachment and loss*. Vol.1. Attachment. New York: Basic Book.　黒田実郎・大羽蓁・黒田洋子（訳）　1976　母子関係の理論Ⅰ　愛着行動　岩崎学術出版社
Calder, P.　2001　Early childhood care and education: Staff training and qualifications-markers of quality? In T. David (Ed.), *Promoting evidence-based practice in early childhood education: Research and its implications*. Amsterdam: JAI. Pp.131-148.
Clarke-Stewart, K., & Allhusen, V.　2002　Nonparental caregiving. In M. H. Bornstein (Ed.), *Handbook of parenting*. Vol.3. Mahwah, New Jersey: Lawrence Eelbaum Associates. Pp.215-252.
遠藤純代　1986　0～2歳代における子ども同士の物をめぐる争い　北海道教育大学紀要　第一部C　教育科学編, 36(2), 17-30.
Fujita, M., & Sano, T.　1988　Children in American and Japanese day-care centers: Ethnography and reflective cross-cultural interviewing. In H. T. Trueba & C. Delgado-Gaitan (Eds.), *School and society: Learning content through culture*. New York: Praeger. Pp.73-97.
福田廣　1991　家から幼稚園への移行　山本多喜司・Wappner, S.（編）　人生移行の発達心理学　北大路書房　Pp.137-151.
本郷一夫・杉山弘子・玉井真理子　1991　子ども間のトラブルの対する保母の働きかけの効果―保育所における1－2歳児のものをめぐるトラブルについて―　発達心理学研究, 1(2), 107-115.
Howes, C., Hamilton, C. E., & Matheson, C. C.　1994　Children's relationships with peers: Differental associations with aspects of the teacher-child relationship. *Child Development*, 65, 253-263.
Howes, C., Matheson, C. C., & Hamilton, C. E.　1994　Maternal, teacher, and child care history correlates of children's relationship with peers. *Child Development*, 65, 264-273.
Howes, C., Hamilton, C. E., & Philipsen, L.　1998　Stability and continuity of child-caregiver and child-peer relationships. *Child Development*, 69, 418-426.
廿日出里美　1999　保育所における異文化間の友達関係の微視的分析　保育学研究, 9(1), 43-50.
川田学　2001　食事場面における乳児の自己主張と社会関係の変容―役割交代現象の出現をめぐって―　東京都立大学人文科学研究科修士論文（未公刊）
川田学　2003　川田学の事例　山本登志哉（企画）　ラウンドテーブル「所有と自我形成―1～3歳までの事例を語りあう」　日本発達心理学会第14回大会発表論文集, S129.
川井尚・恒次鉄也・松井園子・金子保・大藪泰　1980　乳児―乳児関係の発達(2)―初期関係の発達的変化について―　日本心理学会第44回大会発表論文集, 463.
河合優年　1997　幼児の異文化における適応―子供の交遊ネットワークと言語獲得―　名古屋大学教育学部（編）　帰国子女・留学生の適応教育に関する調査研究報告書　Pp.67-80.
鯨岡峻　1998　両義性の発達心理学　ミネルヴァ書房
倉持清美　1994　就学前児の遊び集団への仲間入り過程　発達心理学研究, 5(2), 137-144.
馬鋼・近藤洋子・柳谷真知子ほか　1990　乳幼児の睡眠・覚醒リズムの発達―秋田県と東京都のデータによる―　小児保健研究, 49, 568-571.
箕浦康子　1999　フィールドワーク前期　箕浦康子（編）　フィールドワークの技法と実際―マイクロ・エスノグラフィー入門―　ミネルヴァ書房　Pp.41-55.
宮川充司　1989　アメリカの子どもが日本の幼稚園に　小嶋秀夫（編）　乳幼児の社会的世界　有斐閣　Pp.141-164.
宮川充司・中西由里　1994　日系ブラジル人幼児の異文化適応過程に関する事例的研究（Ⅰ）　相山女学園大学研究論集人文科学篇, 25, 47-74.
森上史郎　2000　保育者の専門性・保育者の成長を問う　発達　特集：保育者の成長と専門性, 83(21), 68-74.

引用(参考)文献

村井尚子　2001　保育における専門性としての「タクト」とその養成に関する一考察　保育学研究, 39(1), 44-51.
中島和子　2001　バイリンガル教育の方法―12歳までに親と教師ができること―（増補改訂版）　アルク
佐藤千瀬　2003　幼児の外国人園児に対する差異認識と意味付け及び解消パターン　日本発達心理学会第14回大会発表論文集, 180.
柴山真琴　1995　ある中国人5歳児の保育園スクリプト獲得過程―事例研究から見えてきたもの―　乳幼児教育学研究, 4, 47-55.
柴山真琴　1996　二言語併用幼児の母語と日本語―中国・韓国・台湾から来た保育園児の言語に対するメタ認知的知識―　東京学芸大学海外子女教育センター研究紀要, 8, 19-32.
柴山真琴　1999　私のフィールドワーク・スタイル　箕浦康子（編）　フィールドワークの技法と実際―マイクロ・エスノグラフィー入門―　ミネルヴァ書房　Pp.123-140.
柴山真琴　2001　行為と発話形成のエスノグラフィー――留学生家族の子どもは保育園でどう育つのか―　東京大学出版会
柴山真琴　2002　幼児の異文化適応過程に関する一考察―中国人5歳児の保育園への参加過程の関係論的分析―　乳幼児教育学研究, 11, 69-80.
柴山真琴　2006　子どもエスノグラフィー入門―技法の基礎から活用まで―　新曜社
柴山真琴・柏崎秀子　2002　バイリンガル　岩立志津夫・小椋たみ子（編）　臨床発達心理学　第4巻　言語発達とその支援　ミネルヴァ書房　Pp.133-137.
Shimada, M., Segawa, M., Higurashi, M., & Akamatsu, H.　1993　Development of the sleep and wakefulness rhythm in Preterm infants discharged from a neonetal care unit. *Pediatric Research*, 33, 159-163.
Spradley, J. P.　1980　*Participant observation*. Orlando: Harcort Brace Jovanovich College Publishers.
杉山弘子・本郷一夫・玉井真理子　1990　保育場面における1-2歳児のトラブルの成立と展開―物をめぐるトラブルについて―　心理科学, 12(2), 15-23.
高濱裕子　2001　保育者としての成長プロセス―幼児との関係を視点とした長期的・短期的発達―　風間書房
高濱裕子　2003　保育システムのダイナミクスと保育者の方略―幼児の状態と保育者の方略の関係―　椙山女学園大学研究論集社会科学篇, 34, 165-179.
高井弘弥　2000　発達と文化の接点　岡本夏木・麻生武（編）　年齢の心理学―0歳から6歳まで―　ミネルヴァ書房　Pp.25-62.
戸田雅美　1999　保育行為の判断の根拠としての「価値」の検討―園内研究会の議論の事例を手がかりに―　保育学研究, 34(2), 183-190.
外山紀子・無藤隆　1990　食事場面における幼児と母親との相互交渉　教育心理学研究, 38(4), 395-404.
Valsiner, J.　1987　*Culture and the development of children's action*. New York: John Wiley & Sons.
Wappner, S.　1978　Some critical person-environment transitions. 日本心理学会発表論文集, 42, S61-62.
山本多喜司・Wappner, S.　1991　人生移行の発達心理学　北大路書房
山本登志哉　1991　幼児期に於ける「先占の尊重」原則の形成とその機能―所有の個体発生をめぐって―　教育心理学研究, 39(2), 122-132.
山本登志哉　1996　遊びの中の幼児のやりとり―観念化・個性化と集団形成―　中島誠（編）　子供は認知やことばをどう育てるか―健常児・障害児に共通な発達機制―　培風館　Pp.62-71.
山本登志哉　1997　嬰幼児"所有"行為及其認知結構的発展―日中跨文化比較研究　博士論文　北京師範大学研究生院
山本登志哉　2000　群れ始める子どもたち―自律的集団と三極構造―　岡本夏木・麻生武（編）　年齢の心理学―0歳から6歳まで―　ミネルヴァ書房　Pp.103-142.
山本登志哉　2001　幼児期前期の友人関係と大人の関わり―遊び集団ができるまで―　無藤隆（編）　発達心理学　ミネルヴァ書房　Pp.55-72.

■4章
Eckerman, C. E., Davis, C. C., & Didow, S. M.　1989　Toddler's Emerging Way of Achieving Social Coordinations with a Peer. *Child Development*, 60, 440-453.
福崎淳子　2002　「みてて」発話からとらえる幼児の他者意識　保育学研究, 40, 83-90.
古田足日・田畑精一　1974　おしいれのぼうけん　童心社

Garvey, C. 1977 *Play*. Harvard University Press. 高橋たまき（訳） 1980 「ごっこ」の構造—子どもの遊びの世界— サイエンス社
浜田寿美男 2002 身体から表象へ ミネルヴァ書房
掘越紀香・無藤隆 2000 幼児にとってのふざけ行動の意味—タブーのふざけの変化— 子ども社会研究, 6, 43-55.
今井和子 1996 子どもとことばの世界 ミネルヴァ書房
今井和子 2000 保育実践 言葉と文字の教育 小学館
岩田純一 2001 〈わたし〉の発達 ミネルヴァ書房
時代の変化に対応した今後の幼稚園教育の在り方に関する調査研究協力者会議 1997 時代の変化に対応した今後の幼稚園教育の在り方について—最終報告
加用文男 1998 遊びに生きる子どもの多重世界 麻生武・綿巻徹（編） シリーズ 発達と障害を探る第2巻 遊びという謎 ミネルヴァ書房 Pp.35-61.
刑部育子 2002 仲間と集団のなかでかかわる 無藤隆・清水益治（編） 保育心理学 北大路書房 Pp.28-33.
木下孝司 1998 "ふり"が通じ合うとき—ふり遊びの始まりと心の理解 秦野悦子・やまだようこ（編） シリーズ 発達と障害を探る 第1巻 コミュニケーションという謎 ミネルヴァ書房 Pp.151-172.
増田時枝・秋田喜代美 2002 遊びの開始時の「役」発生・成立スタイルの検討—4歳児のごっこ遊びをとおして— 保育学研究, 40(1), 75-82.
Meltzoff, A. N., & Moore, M. K. 1977 Imitation of Facial and Manual Gestures by Human Neonates. *Scieence*, 198, 75-78.
Merleau-Ponty, M. 1964 *Eloge du la philosophie/L'oeil et l'esprit*. Gallimard. 滝浦静雄・木田元（訳） 1966 眼と精神 みすず書房
無藤隆 1990 子どもの発達と領域「言葉」 無藤隆・高杉自子（編） 保育講座 保育内容 言葉 ミネルヴァ書房 Pp.12-40.
無藤隆 1997 協同するからだとことば 金子書房
無藤隆 2000 保育四方山話 子どもの動きはしなやかだ 幼児の教育5月号 日本幼稚園協会・フレーベル館
無藤隆 2001 子どもの生活・遊び・学び 無藤隆（編） 保育・看護・福祉プリマーズ 幼児の心理と保育 ミネルヴァ書房 Pp.1-16.
岡本夏木 1982 子どもとことば 岩波書店
Schegloff, E. A., & Sacks, H. 1973 Opening up closings. *Semiotica*, 7, 289-327. 北沢裕・西阪仰（訳） 1989 会話はどのようにして終了されるのか—日常性の解剖学— マルジュ社 Pp.175-241.
砂上史子 2000 ごっこ遊びにおける身体とイメージ—イメージの共有として他者と同じ動きをすること— 保育学研究, 38(2), 41-48.
砂上史子・無藤隆 1999 子どもの仲間関係と身体性—仲間意識の共有としての他者と同じ動きをすること— 乳幼児教育学研究, 8, 75-84.
砂上史子・無藤隆 2002 幼児の遊びにおける場の共有と身体の動き 保育学研究, 40(1), 64-74.
高橋登 1997 幼児のことば遊びの発達—"しりとり"を可能にする条件の分析— 発達心理学研究, 8, 42-52.
田中みどり 1996 遊びとことば 高橋たまき・中沢和子・森上史朗（編） 遊びの発達心理学 発展編 培風館 Pp.21-37.
内田伸子 1986 ごっこからファンタジーへ—子どもの想像世界— 新曜社
Vygotsky, L. S. 1934 *Thought and language*. Wiley. 柴田義松（訳） 1962 思考と言語 明治図書
山本登志哉 2000 2歳と3歳 群れ始める子どもたち—自律的集団と三極構造— 岡本夏木・麻生武（編） 年齢の心理学 ミネルヴァ書房 Pp.103-141.
横山真貴子・秋田喜代美・無藤隆・安見克夫 1998 幼児はどんな手紙を書いているのか？—幼稚園で書かれた手紙の分析— 発達心理学研究, 9, 95-107.

索引

●あ
愛着理論　35, 76
秋田喜代美　109
麻生武　61, 62
あそび　108
あそびの終わり　108, 117
あそびの終了方法　113
あそびの伝染　134
あそびのはじまり　108, 112, 117
アバウド（Aboud, F.）　92
アルフーセン（Allhusen, V.）　76
アンケート　10

●い
移行　82
移行期　70
いざこざ　122
一斉保育　95
伊藤典子　62
異文化　82
今井和子　119, 127, 129
岩田純一　124
インタビュー　84

●う
ヴァルシナー（Valsiner, J.）　84
ヴィゴツキー（Vygotsky, L. S.）　119
内田伸子　129, 139
ウルトラディアンリズム　58

●え
エスノメソドロジー　108
エッカーマン（Eckerman, C. E.）　134
絵本　129
延滞模倣　135

遠藤純代　64
園文化　38

●お
おかたづけ　113, 120
岡本夏木　120
おしゃべり　124
お話　129

●か
ガーヴェイ（Garvey, C.）　121
外言　119
外国人　49
外国人園児　83
外国籍　46, 82
概念　11
柏崎秀子　92
仮説　13, 14
家族　45
価値・関心　22
葛藤　64
加用文男　139
からだ　131
カルダー（Calder, P.）　76
川田学　62
関係性　3
間身体性　135

●き
記憶　28
木下孝司　139
規範　68
協同性　137
刑部育子　108
共鳴動作　135

●く
鯨岡峻　93
クラーク―スチュワート（Clarke-Stewart, K.）　76
倉持清美　24, 26, 31, 32, 34, 38, 67

●け
ケースカンファレンス　94, 104
血統主義　52
研究者　11, 17, 115

●こ
個人史　32
ごっこあそび　121, 133
ゴッフマン（Goffman, E.）　30
言葉あそび　127
コミュニケーション　31, 118
コルサロ（Corsaro, W. A.）　22, 25, 27, 30

●さ
サーカディアンリズム　58
在日朝鮮人　53
サックス（Sacks, H.）　108
佐藤郁哉　6
佐藤千瀬　92
三極構造の形成　67
参与観察　84

●し
シェグロフ（Schegloff, E. A.）　108
視覚的対象化　134
自己抑制　120
自己抑制タイプ　71
自己抑制的　79
実験研究　13
実践者　13, 17
質的な分析　10

質問紙　13
柴坂寿子　24, 26, 31, 32, 34
柴山真琴　82, 92
自文化中心主義　49
下山晴彦　3
社会　45
社会的相互交渉　113
社会の発達　36
社会文化的環境　82
自由保育　95
主体性　60, 61
主体的な活動　93, 97, 99
受動的参与　84
状況性　3
少子化　47
初期模倣　135
食事　84
自立　62, 64
自律の集団の形成　68
身体性　141
身体的行為　131

●す
砂上史子　132, 141, 142

●せ
生地主義　52

●そ
相互交渉過程　111
相互模倣　134
ソシオメトリックテスト　42

●た
第一次反抗期　68
対人的環境　82
高井弘弥　61, 62
高橋登　127

高濱裕子　71, 75, 76, 79, 81
田中みどり　139

●ち
知識　28
調整　64
直接模倣　135

●と
同輩関係　36
戸田雅美　93
外山紀子　88

●な
内言　119
中西由里　82
仲間意識　142
仲間入り　38
仲間関係　35, 36, 75, 81
仲間文化　22
泣き　61, 73

●に
日系人　48
日本国籍　47
人間関係　132

●は
ハウズ（Howes, C.）　76
廿日出里美　82
浜田寿美男　135
ハミルトン（Hamilton, C. E.）　76
原野明子　39, 43
反抗　63

●ひ
引っ込み思案　43
ひとりごと　119

●ふ
フィールド研究の理論　13
フィールド心理学　2
フィールド心理学の理論　8
フィールドワーク　6
福崎淳子　118
福田廣　82
物理的環境　82
普遍性　17
ふり　139
フリック（Flick, U.）　2
文化的エージェント　89
分析　14, 15

●ほ
保育システム　79
保育実践　2
保育実践研究　4
保育者　115, 143
方略　31
ボウルビィ（Bowlby, J.）　76
掘越紀香　127

●ま
マイクロ・エスノグラフィー　84
増田時枝　109
マティソン（Matheson, C. C.）　76

●み
箕浦康子　6, 7, 84
宮内洋　47, 52, 54
宮川充司　82
民族学校　52

●む
ムーア（Moore, M. K.）　135
無藤隆　38, 41, 88, 118, 127, 132, 134, 137, 141, 142

151

村井尚子　93

●め
メルツォフ（Meltzoff, A. N.）　135
メルロ―ポンティ（Merleau-Ponty, M.）
　　　135

●も
文字　129
模倣　134
森上史郎　94

●や
役　109
やまだようこ　2, 4
山本多喜司　70
山本登志哉　64, 67, 69, 134

●よ
幼稚園教育要領　117, 129, 131
横山真喜子　130
読み聞かせ　129

●り
両義的な対応　93, 99, 103
量的な研究　10
倫理的問題　7

●る
ルーティン　25
ルール　29

●わ
ワプナー（Wappner, S.）　70, 82

執筆者一覧

- ■**編集委員**──民秋　言（白梅学園大学）
  - 小田　豊（国立特別支援教育総合研究所）
  - 杤尾　勲
  - 無藤　隆（白梅学園大学）
- ■**編　　者**──無藤　隆・倉持清美

【**執筆者**(執筆順)】

倉持　清美（編者）	第1章1節，第3章4節
無藤　隆（編者）	第1章2節
柴坂　寿子（お茶の水女子大学）	第2章1節
原野　明子（福島大学）	第2章2節
宮内　洋（高崎健康福祉大学短期大学部）	第2章3節
山本登志哉（早稲田大学）	第3章1節
高濱　裕子（お茶の水女子大学）	第3章2節
柴山　真琴（鎌倉女子大学）	第3章3節
刑部　育子（お茶の水女子大学）	第4章1節
掘越　紀香（大分大学）	第4章2節
砂上　史子（千葉大学）	第4章3節

編者紹介

無藤　隆（むとう・たかし）
　　1946年　東京都に生まれる
　　1977年　東京大学教育学研究科博士課程中退
　　　　　　お茶の水女子大学生活科学部教授を経て，
　　現　在　白梅学園大学教授
〈主　著〉協同するからだとことば　金子書房　1997年
　　　　　早期教育を考える　ＮＨＫ出版　1998年
　　　　　知的好奇心を育てる保育　フレーベル館　2001年
　　　　　学校のリ・デザイン　東洋館出版社　2001年

倉持　清美（くらもち・きよみ）
　　1964年　大阪府に生まれ埼玉県で育つ
　　1995年　お茶の水女子大学大学院人間文化研究科博士課程修了
　　現　在　東京学芸大学教育学部准教授
〈主著・論文〉パーソナリティ形成の心理学（分担執筆）　風間書房　1996年
　　　　　クラス集団における幼児間の認識と仲間入り行動（共同研究）　心理学研究
　　　　　第70巻第4号　1999年
　　　　　仲間遊びに対するある園児のイメージの変容（共同研究）　乳幼児教育学研
　　　　　究第12号　2003年

新 保育ライブラリ　子どもを知る
保育実践のフィールド心理学

| 2009年2月1日　初版第1刷印刷 | 定価はカバーに表示 |
| 2009年2月10日　初版第1刷発行 | してあります。 |

編著者	無　藤　　　隆
	倉　持　清　美
発行所	㈱北大路書房

〒603-8303　京都市北区紫野十二坊町12-8
　　　　　電　話　(075) 4 3 1 - 0 3 6 1(代)
　　　　　ＦＡＸ　(075) 4 3 1 - 9 3 9 3
　　　　　振　替　0 1 0 5 0 - 4 - 2 0 8 3

Ⓒ2009　　　　　　　　　　　印刷・製本／㈱太洋社
検印省略　落丁・乱丁本はお取り替えいたします。

ISBN978-4-7628-2637-5　　　Printed in Japan